Der Schlüssel
zur deutschen Sprache

Kaoru Shimizu, Takehiko Ishihara

neu

Daisan Shobo

┌─────── ★ 本書
│
│ 下記 URL また
│ 検索し，ご利
│ https://www.c
│ ※同じ内容の
│ 　を販売してい
│ 収　録 🎧 印
│ 　　　　　トラ
│ 吹込者 Rita I
│ 　　　　Matth
└

装丁，イラスト：成田由弥

写真提供：　　　清水　薫

まえがき

　言語とはどのようなものであるかということは見方によって様々ですが，言語を一つの構築物とみなすならば，ドイツ語の総体は堅固な「城塞」に喩えられるでしょう。城塞の内奥へ至るためには，幾つもの重い扉を一つ一つ開かなければなりません。本書のタイトル「ドイツ語への鍵」はそれらの扉を開く「鍵」をイメージしています。

　本書は，単にドイツ語の輪郭を把握するにとどまらず，ドイツ語の文を「読み」，そして何よりも能動的に「自分で書く」力を養うことを目指しています。

　ドイツ語は英語と比べ語形変化の多い言語です。語形変化の規則と例外，そして文の構造をいかに効率よく習得できるかということが，ドイツ語を使いこなすための「鍵」なのです。

本書の特徴

○ 本書の第一の特徴は練習問題の充実にあります。一つ一つの文法事項を確実に理解し，自分のものとするためには十分な練習が必要です。練習問題は，1つの問題の解答が次の問題解決の土台となるように関連を重視して作られています。

○ 文法説明はできるだけ詳しく，初学者にも分かりやすく書かれています。授業後に再度読み返したときには十分理解できるように配慮されています。

○ 教授用資料には，それぞれの課の「まとめの作文」と Lesestück「読み物」が収録されていますが，読み物は作文問題の解答に当たります。これは授業の事情に応じてドイツ語作文としても，読み物としても使用できるようにしたためです。

○ このたびの改訂版には，オンライン授業に対応できるように，コンパクト版の「シュリュッセル　オンライン」（パワーポイント教材）が教授用資料として用意されています。この資料は通常の対面授業でも利用できます。また音声については QR コードを各ページに掲載し，音を手軽に聞けるようにしました。

　日本は，ご存じのように，明治以来ドイツとは親密な関係にあり，ドイツを1つの窓口として西欧の文化や技術，制度を取り入れてきました。日本がドイツを手本とすることができる分野はまだ多くあると思います。また Manga「漫画」などのサブカルチャーや日本の食文化などはドイツでも深く浸透しています。色々な分野で日本からドイツへ向けて発信する機会が今後ますます多くなるでしょう。さらに経済や科学技術の分野では，日本はドイツと競争しなければならない場面もあると思います。このような様々な場面で，本書で学んだことが少しでも役に立つことができればと願っています。

　最後に，本書を編むにあたり大変お世話になりました第三書房の南野貴子氏と本書のドイツ語部分に関して多くの指摘と助言をいただきましたリタ・ブリール先生に心からお礼申し上げます。

2022 年　春　　　　　　　　　　　　　　　　　　　　　　　　　　　　著　者

目　次

Das Alphabet

アルファベット

A a 𝒜 a [aː]	Q q 𝒬 q [kuː]
B b ℬ b [beː]	R r ℛ r [ɛr]
C c 𝒞 c [tseː]	S s 𝒮 s [ɛs]
D d 𝒟 d [deː]	T t 𝒯 t [teː]
E e ℰ e [eː]	U u 𝒰 u [uː]
F f ℱ f [ɛf]	V v 𝒱 v [faʊ]
G g 𝒢 g [geː]	W w 𝒲 w [veː]
H h ℋ h [haː]	X x 𝒳 x [ɪks]
I i ℐ i [iː]	Y y 𝒴 y [ýpsilɔn]
J j 𝒥 j [jɔt]	Z z 𝒵 z [tsɛt]
K k 𝒦 k [kaː]	
L l ℒ l [ɛl]	Ä ä 𝒜̈ ä [ɛː]
M m ℳ m [ɛm]	Ö ö 𝒪̈ ö [øː]
N n 𝒩 n [ɛn]	Ü ü 𝒰̈ ü [yː]
O o 𝒪 o [oː]	
P p 𝒫 p [peː]	ß ß [ɛs-tsɛt]

変母音
（Umlaut）

発 音　Ausssprache

母音　Vokale

母音の発音（原則）

i　ドイツ語の単母音 a, e, i, o, u はほぼローマ字風に発音します（例：ma［マ］，me［メ］，mi［ミ］，mo［モ］，mu［ム］）。

ii　アクセントは第一音節にあります。

iii　アクセントのある母音は，後ろに子音が 2 つ以上ある場合は短音，後ろに子音が 1 つ以下，あるいは h がある場合は長音になります。この場合 h は発音しません（例：Name［**ナー**メ］，Mann［**マン**］，fahren［**ファー**レン］）。

iv　アクセントのない母音は常に短音になります。

1. 母音：a, e, i, o, u

a [a:] は口を大きく開いて［ア］と発音します。

e [e:] は唇の両端を横に引いて［エ］と発音します。［イ］に近い音になります。

i [i:] は唇の両端を横に強く引いて［イ］と発音します。

o [o:] は唇を丸めて［オ］と発音します。

u [u:] は唇を丸め，前に突き出すようにして［ウ］と発音します。

a	[a:] [a]	Na·me 名前	Mann 男	fah·ren （乗り物で）行く
e	[e:] [ɛ] [ə]	ge·ben 与える	es·sen 食べる	neh·men 取る
i	[i:] [ɪ]	Ti·ger* トラ	Bit·te 願い	Ih·nen あなたに
o	[o:] [ɔ]	rot 赤い	kom·men 来る	Lohn 報酬
u	[u:] [ʊ]	gut よい	Tun·nel トンネル	Uhr** 時計

＊ 語末の -er は軽く「アー」と伸ばして発音する。　＊＊ 語末の -r は軽く「ア」と発音する。

2. 変母音：ä, ö, ü

ä [ɛ:] は口を軽く開いて「エ」と発音します。日本語の「エ」に近い音になります。

ö [ø:] は o [o:] の口の形で「エ」と発音します。

ü [y:] は u [u:] の口の形で「イ」と発音します。

ä	[ɛ:] [ɛ]	Bär 熊	Hän·de 手（複数）	Nä·he 近く
ö	[ø:] [œ]	Mö·bel 家具	kön·nen ～できる	Löh·ne 報酬（複数）
ü	[y:] [ʏ]	Tür ドア	dür·fen ～してよい	kühl 涼しい

3．重母音：aa, ee, oo

同じ母音が重なる場合は長音になります：aa [aː]［アー］，ee [eː]［エー］，oo [oː]［オー］

aa	[aː]	Aal うなぎ		Haar 髪		Paar ペア
ee	[eː]	Beet 花壇		Kaf·fee コーヒー		Tee お茶
oo	[oː]	Boot ボート		Moos こけ		Zoo 動物園

4．注意すべき母音

異なる母音が2つ並び，ローマ字風の発音とは異なる場合：ei, eu, äu, au, ie

i ei [aɪ]［アィ］，eu, äu [ɔY]［オィ］，au [aʊ]［アゥ］はあとの母音を前の母音に軽く添えるようにして発音します。

ii ie は［イエ］ではなく，[iː]［イー］と伸ばして発音します。

ei	[aɪ]*	eins 1	zwei 2	drei 3
eu	[ɔY]	euch 君たちに(を)	heu·te 今日	Leu·te 人々
äu	[ɔY]	Bäu·me 木々(複数)	träu·men 夢を見る	Häu·ser 家々
au	[aʊ]	Haus 家	kau·fen 買う	lau·fen 走る
ie	[iː]	Bier ビール	hier ここ	Lie·be 愛

* ai, ay, ey も ei と同様に [aɪ]［アイ］と発音する（例：Mai［マイ］「5月」，Meyer［マイアー］(姓)）。

🎧
103

子音　Konsonanten

子音の発音（原則）

1．注意すべき子音

j	[j]	Ja·pan 日本	je·der （英語：every）	Jun·ge 少年
s（あとに母音があるとき）	[z]		sa·gen 言う	sein ～である	Sohn 息子
s（あとに母音がないとき）	[s]		Bus バス	Gast 客	ges·tern 昨日
ss / ß （常に）	[s]	Fluss 川	Klasse クラス	Fuß 足	heißen ～という名前である
v	[f]	Va·ter 父親	viel 多くの	Volk 民衆
w	[v]	Wa·gen 自動車	wie·der 再び	woh·nen 住む
x	[ks]	Ta·xi タクシー	E·xa·men 試験	Text テキスト
z	[ts]	zah·len 支払う	Zeit 時間	Zu·cker 砂糖

2．語末，音節末の b, d, g

b	[p]	gelb 黄色の	Herbst 秋	Halb·in·sel 半島
d	[t]	und そして	Land 国，地方，田舎	Geld·beu·tel 財布
g	[k]	Tag 日	Zug 列車	Berg·bahn 登山電車

5

3．子音の組み合わせによって発音が決まっているもの

ch (a, o, u, au のあとで)	[x]	Bach 小川		Koch 料理人		Buch 本
		auch 〜もまた				machen 〜をする
		kochen 料理する				buchen 記帳する，予約する
ch (上記以外で)	[ç]	echt 本物の		ich 私は		Milch ミルク
		durch 〜を通って				bre·chen 折る，割る
		Mi·cha·el ミヒャエル(男名)				Mün·chen ミュンヘン
chs	[ks]	Fuchs 狐		sechs 6		wach·sen 成長する
sp (語頭で)	[ʃp]	spielen (英語：play)		Sprache 言語		spre·chen 話す
st (語頭で)	[ʃt]	ste·hen 立っている		Stra·ße 通り		Stuhl 椅子
sch	[ʃ]	Eng·lisch 英語		Schu·le 学校		schlie·ßen 閉じる
tsch	[tʃ]	Deutsch ドイツ語		tschüs バイバイ		Dol·met·scher 通訳
ig (音節末で)	[iç]	Kö·nig 王		zwan·zig 20		Rich·tig·keit 正しさ
ng	[ŋ]	Ü·bung 練習		jung 若い		sin·gen 歌う
dt	[t]	Stadt 町		Schmidt シュミット(姓)		Ver·wan·dte 親戚
ds / ts / tz	[ts]	abends 晩に		nachts 夜に		jetzt 今
pf	[pf]	Pflan·ze 植物		Pfef·fer コショウ		Pfle·ge 世話，看護
qu	[kv]	Qual 苦痛		Quel·le 泉		Quit·tung 領収書
ph	[f]	Physik 物理学		Philosophie 哲学		Phrase フレーズ
th	[t]	Theater 劇場		Thema テーマ		Theorie 理論

104

〈発音（補足）〉
ドイツ語の発音には上述の原則に従わないものも多くあります。

母音

a　第1音節にアクセントがない。
　ⅰ　外来語など
　　Stud**e**nt 学生　　　stud**i**eren （大学で）勉強する　　Poliz**i**st 警察官　など
　ⅱ　アクセントのない前つづり（be-, emp-, ent-, er-, ge-, ver-, zer- など）のある語
　　bek**o**mmen もらう　　gef**a**llen 気に入る　　　　verst**e**hen 理解する　など
b　アクセントのある母音が，そのあとに子音が2つ以上あっても長音となる語
　　Arzt 医者　　　　　　M**o**nd 月　　　　　　　　**O**bst 果物　など
c　eu, äu を［**オイ**］ではなく，[e:ʊ], [ɛ:ʊ] と発音する（外来語など）
　　Mus**eu**m 博物(美術)館　Jubil**äu**m 記念(祝賀)祭　など
d　ie を [iə] と発音する
　　Famil**ie** 家族　　　　　Fer**ie**n 休暇　など

子音

a　ch を [ʃ], [k] と発音する（外来語など）
　　Chef 上司　　　　　　**Ch**ance チャンス　　　**Ch**arakter キャラクター　など
b　g を [ʒ] と発音する（外来語など）
　　Oran**g**e オレンジ　　　Gara**g**e ガレージ　　　**G**enie 天賦の才能，天才　など
c　v を [v] と発音する（外来語など）
　　Uni**v**ersität 大学　　　**V**illa 別荘　　　　　　Kla**v**ier ピアノ　など

6

挨拶の表現　Grüße

Guten Morgen, Herr Schneider!	おはようございます，シュナイダーさん（男性）。
Guten Tag (Grüß Gott), Frau Neumann!	こんにちは，ノイマンさん（女性）。
Guten Abend, Frieda!	こんばんは，フリーダ。
Gute Nacht, Michael!	おやすみなさい，ミヒャエル。
Wie geht es Ihnen?	ごきげんいかがですか。
Danke gut. Und Ihnen?	ありがとう，元気です。あなたは？
Danke (schön)!	ありがとうございます。
Bitte (schön)!	どういたしまして。どうぞ。お願いします。
Entschuldigung!	すみません。
Auf Wiedersehen!	さようなら。
Tschüs!	バイバイ。
Bis morgen!	またあした。

数　詞　Zahlen

0	null						
1	eins					21	einundzwanzig
2	zwei			20	zwanzig	22	zweiundzwanzig
3	drei	13	dreizehn	30	dreißig	23	dreiundzwanzig
4	vier	14	vierzehn	40	vierzig	24	vierundzwanzig
5	fünf	15	fünfzehn	50	fünfzig	25	fünfundzwanzig
6	sechs	16	sechzehn	60	sechzig	26	sechsundzwanzig
7	sieben	17	siebzehn	70	siebzig	27	siebenundzwanzig
8	acht	18	achtzehn	80	achtzig	28	achtundzwanzig
9	neun	19	neunzehn	90	neunzig	29	neunundzwanzig
10	zehn						
11	elf						
12	zwölf						

100　hundert　　1000　tausend　　1000000　eine Million
2000000　zwei Millionen

Lektion ① 動詞の現在人称変化（規則変化）
文の作り方

◆◆◆ 第１部　動詞の現在人称変化（規則変化）

Schlüssel ❶ 不定形と定型

Ich **lerne** jetzt Deutsch.	私は今ドイツ語を学んでいます。
Du **lernst** fleißig Englisch.	君は熱心に英語を学んでいるね。
Er **lernt** lange Japanisch.	彼は長い間日本語を学んでいます。

🎧 107

1-1　不定形

ドイツ語の動詞，助動詞は主語の人称（単数，複数）と時制（現在，過去）に応じて形が変化します。変化する前の動詞の形を**不定形**（不定詞）といい，辞書の見出し語にはこの形が載っています。不定形は語幹と語尾に分けられ，語尾は多くが **-en**，まれに **-n** です。

🎧 108

不定形　**lern-en**　学ぶ
　　　　語幹　語尾

wohn**en** 住んでいる　　trink**en** 飲む　　hör**en** 聞く　　besuch**en** 訪問する
spiel**en**（英語：*play*）　　tu**n** する，果たす　　könn**en**（助動詞）〜できる

1-2　定形

文の中で主語の人称と時制に応じて変化した動詞，助動詞を**定形**（定動詞）と言います。

	定形		
Ich	**lerne**	jetzt	Deutsch.
Du	**lernst**	fleißig	Englisch.
Er	**lernt**	lange	Japanisch.

1-3　動詞の現在人称変化　規則１ （語尾だけ規則的に変化する）

① 語尾が -en の動詞（大多数）

🎧 109

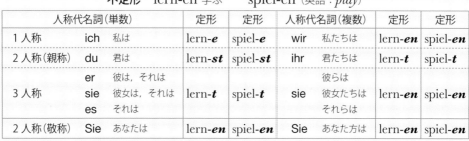

不定形　lern-en 学ぶ　　spiel-en（英語：*play*）

人称代名詞（単数）			定形	定形	人称代名詞（複数）		定形	定形
1 人称	ich	私は	lern-**e**	spiel-**e**	wir	私たちは	lern-**en**	spiel-**en**
2 人称（親称）	du	君は	lern-**st**	spiel-**st**	ihr	君たちは	lern-**t**	spiel-**t**
3 人称	er	彼は，それは	lern-**t**	spiel-**t**	sie	彼らは 彼女たちは それらは	lern-**en**	spiel-**en**
	sie	彼女は，それは						
	es	それは						
2 人称（敬称）	Sie	あなたは	lern-**en**	spiel-**en**	Sie	あなた方は	lern-**en**	spiel-**en**

a. 2人称には親称（du「君は」, ihr「君たちは」）と敬称（Sie「あなたは, あなた方は」）があります。親称（du, ihr）は親しい間柄（家族, 友人, 若者同士など）で用いられ、敬称（Sie）は公式の場やそれほど親しくない間柄の人に対して用いられます。

b. 2人称敬称の Sie は頭文字を常に大文字にします。定形は3人称複数 sie「彼らは, それらは」の場合と同形になります。

c. 3人称単数の er「彼は, それは」は男性名詞（der Mann「その男性」, der Tisch「そのテーブル」など）, sie「彼女は, それは」は女性名詞（die Frau「その女性」, die Tasche「そのバッグ」など）, es「それは」は中性名詞（das Buch「その本」など）を受けて用いられます（→ Lektion 2）。

② 語尾が -n の動詞（少数）

不定形　tu-n する　　handel-n 行動する　　wander-n ハイキングする

（単数）		定形	定形	定形	（複数）	定形	定形	定形
1人称	ich	tu-*e*	handl-*e**	wander-*e***	wir	tu-*n*	handel-*n*	wander-*n*
2人称（親称）	du	tu-*st*	handel-*st*	wander-*st*	ihr	tu-*t*	handel-*t*	wander-*t*
3人称	er sie es	tu-*t*	handel-*t*	wander-*t*	sie	tu-*n*	handel-*n*	wander-*n*
2人称（敬称）	Sie	tu-*n*	handel-*n*	wander-*n*	Sie	tu-*n*	handel-*n*	wander-*n*

　* handeln のように -eln で終わる動詞は、主語が ich のとき、発音の関係で普通語幹の -e- が落ちて ich handle となる。
 ** wandern のように -ern で終わる動詞は、主語が ich のとき、発音の関係で語幹の -e- が落ちて ich wandre となることもある。

> Übung 1 ┆ 動詞の意味を調べ、現在人称変化表を完成させましょう。

不定形	kommen	machen	bleiben	gehen	studieren
意味					
ich					
du					
er, sie, es					
wir					
ihr					
sie					
Sie					

［　］内の不定形を定形に改めて入れ，文を訳しましょう。

1. Ich ＿＿＿＿＿＿＿ aus* München.　[kommen]　　　　　　　　* aus（英語：from）

2. Du ＿＿＿＿＿＿＿ oft eine Reise*.　[machen]　　　* eine Reise（英語：a journey / a trip）

3. Er ＿＿＿＿＿＿＿ hier.　[bleiben]

4. Klaus ＿＿＿＿＿＿＿ morgen nach* Bremen.　[gehen]　　　* nach ～（地名，国名）へ

5. Sie（彼女は）＿＿＿＿＿＿＿ in* Aachen** Technik.　[studieren]

　　　* in（英語：in）　** Aachen（都市名）アーヘン

6. Sabine ＿＿＿＿＿＿＿ jetzt Englisch.　[lernen]

7. Wir ＿＿＿＿＿＿＿ lange in Berlin.　[wohnen]

8. Ihr ＿＿＿＿＿＿＿ zu viel* Bier.　[trinken]　　　* zu viel あまりに多く～し過ぎる

9. Sie（彼らは）＿＿＿＿＿＿＿ sehr gut Fußball.　[spielen]

10. Sie（敬称：あなたは）＿＿＿＿＿＿＿ gern Popmusik.　[hören]

11. Sie（敬称：あなた方は）＿＿＿＿＿＿＿ heute Düsseldorf*.　[besuchen]

　　　* Düsseldorf（都市名）デュッセルドルフ

12. Ich ＿＿＿＿＿＿＿ mein Bestes*.　[tun]　　　　　* mein Bestes 私の最善

13. Ich ＿＿＿＿＿＿＿ mit* Spielwaren.　[handeln]　　　* mit ～ handeln ～を商う

❷ 語尾に注意すべき動詞

110

Du **arbeitest** fleißig.	君は熱心に働きます。
Er **redet** leise.	彼は小声で話をします。
Ihr **rechnet** immer richtig.	君たちは常に正しく計算する。
Du **reist** aber sehr oft.	君はしかしとてもよく旅行するね。
Du **heißt** Michael.	君はミヒャエルという名前だね。

1-4　動詞の現在人称変化　規則 2（語尾に -e- の挿入，s の脱落がある）

発音の関係で人称変化語尾に -e- が挿入されたり，s が脱落したりする場合があります。

① 動詞の語幹の末尾が -d, -t, -chn, -ffn, -gn などの場合，主語が du, er / sie / es, ihr のとき，語尾に -e- が挿入されます。

arbeiten 働く	du arbeit**est**;	er / sie / es arbeit**et**;	ihr arbeit**et**
reden 話をする	du red**est**;	er / sie / es red**et**;	ihr red**et**
rechnen 計算する	du rechn**est**;	er / sie / es rechn**et**;	ihr rechn**et**

② 動詞の語幹の末尾が -s, -ss, -ß, -z, -tz などの場合，主語が du のとき，語尾 -st の s が脱落し，主語が 3 人称単数(er / sie / es)のときと同形になります。

reisen 旅行する　du reis*t*　　heißen 〜という名前である　du heiß*t*

Übung 3　動詞の意味を調べ，現在人称変化表を完成させましょう。

不定形	antworten	finden	öffnen	schließen	tanzen	sitzen
意味						
ich						
du						
er, sie, es						
wir						
ihr						
sie						
Sie						

Übung 4　音声を聴いて下線部に入る動詞を下から選んで定形に改めて入れ，文を訳しましょう。
111

1. Du _____ Klaus, nicht wahr?*　　　　　　* ... , nicht wahr?「…ですね」

2. Anna _____ jetzt in Hamburg.

3. Du _____ immer richtig.

4. Michael _____ manchmal falsch.

5. Du _____ heute Abend hier, nicht wahr?

6. Ihr _____ zu* laut.　　　　　　　　　　　* zu 〜過ぎる

7. Du _____ zu leise.

8. Er _____ dort den* Ring.　　　　　　　　* den(定冠詞　英語：*the*)

9. Du _____ die* Tür.　　　　　　　　　　* die(定冠詞　英語：*the*)

10. Sie (彼女は) _____ das* Fenster.　　　　* das(定冠詞　英語：*the*)

reden,　finden,　öffnen,　arbeiten,　antworten,　heißen,　rechnen,　schließen,　tanzen

Lektion 1　　11

◆◆◆第2部　文の作り方

---

❸ 不定形句

🎧 112

lernen	学ぶ
Deutsch *lernen*	ドイツ語を学ぶ
fleißig Deutsch *lernen*	熱心にドイツ語を学ぶ

2-1　不定形句

　主語が決まっていない段階での不定形を用いた句を**不定形句**と言います。不定形句は文になる一歩前の段階で，ドイツ語の文のもとになります。ドイツ語の不定形句は日本語とほぼ同じ語順になり，**不定形は**英語とは異なり**句末に置かれます**。

🎧 113

jetzt in München **wohnen**

jetzt in Deutschland Biologie **studieren**

oft Fußball **spielen**

Übung 5　下の語句を利用し，不定形句を作りましょう。語順は日本語と同じです。

1. 好んでポップミュージックを聴く
2. ミュンヘンから来ている（ミュンヘンから来る）
3. ミヒャエルという名前である
4. とても長くベルリンで働いている
5. とても好んでコーヒーを飲む
6. よくドイツへ旅行する
7. 明日ブレーメンへ行く
8. 今1人でハンブルクに住んでいる

動詞：trinken, kommen, wohnen, heißen, arbeiten, hören, gehen, reisen
名詞：Kaffee, Popmusik, Michael
副詞：gern, oft, jetzt, lange, sehr, allein, morgen
前置詞句：aus München, in Hamburg, in Berlin, nach Bremen, nach Deutschland

④ 平叙文

114

Ich *studiere* in Aachen Technik.	私はアーヘン（の大学）で工学を勉強します。
In Aachen *studiere* ich Technik.	アーヘンでは私は工学を勉強します。
Technik *studiere* ich in Aachen.	工学は，私はアーヘンで勉強します。

2-2 平叙文

　平叙文では定形は文成分の 2 番目に置かれます（**定形第 2 位の原則**）。不定形句で句末に置かれていた動詞（不定形）を主語に合わせて人称変化させ（定形），2 番目に移動させると平叙文になります。

不定形句： 　　　　　in Aachen 　Technik 　***studieren***
　　　　　　　　　　　　　　　　　　　　　　不定形

平叙文： 　Ich 　***studiere*** 　in Aachen 　Technik.
　　　　　　定形は 2 番目

　文の中での定形以外の文成分の順序は不定形句と同じです。語順について詳しく見ていきましょう。

① 文成分とは，ひとまとまりの意味を持った文を構成する要素です。jetzt「今」のように 1 語の場合もあれば，sehr gern「とても好んで」や in Aachen「アーヘンで」のように数語でできている場合もあります。次の文は 5 つの文成分から構成されています。

彼は		今	アーヘン（の大学）で	工学を	勉強している。
Er	*studiert*	jetzt	in Aachen	Technik.	
（文成分）主語	述語	状況語	状況語	目的語	

② ドイツ語の文では日本語の場合と同じように，文頭に主語以外の様々な文成分が置かれます。テーマとなるものはよく文頭に置かれ，**重要な情報ほど文末に置かれる傾向**があります。

In Aachen *studiere* ich jetzt Technik.	アーヘンでは私は今工学を勉強しています。
Literatur *studiere* ich in München.	文学ならぼくはミュンヘンで勉強するよ。
Morgen *spiele* ich Tennis.	明日はね，ぼくはテニスをするんだ。

③ 時間的なものを表す状況語，様態を表す状況語，空間的なものを表す状況語が並ぶ場合には，普通〈時間的－様態－空間的〉の順になります。

私は		毎晩	1 人で	家で	ワインを	飲みます。
Ich	*trinke*	jeden Abend	allein	zu Hause	Wein.	
		（時間的）	（様態）	（空間的）		

Übung 6 Übung 5 を利用し，次の文をドイツ語に改めましょう。定形以外は日本語の語順通りに訳しましょう。（下線部は Übung 5 にあります。）

1. 私は好んでポップミュージックを聴きます。
2. 彼女はミュンヘンから来ています。
3. 君はミヒャエルという名前だね。
4. ベルリンでは君たちはとても長い間働いていますね。
5. コーヒーを私たちはとても好んで飲みます。
6. 君はよくドイツへ旅行しますね。
7. 明日彼らはブレーメンへ行きます。
8. 今は彼は 1 人でハンブルクに住んでいます。

⑤ 決定疑問文（疑問詞がない疑問文）

Kommen sie heute Abend?	彼らは今晩来ますか。
—（肯定）**Ja**, sie kommen heute Abend.	はい，彼らは今晩来ます。
—（否定）**Nein**, sie kommen heute Abend **nicht**.	いいえ，彼らは今晩来ません。
Nein, sie kommen **nicht** heute Abend.	いいえ，彼らが来るのは今晩ではありません。

2-3　決定疑問文

① 決定疑問文では，**定形が文頭**に置かれます。英語の *do*，*does* に相当する助動詞はありません。肯定の答えは〈ja, ...〉「はい，…」，否定の答えは〈nein, ...〉「いいえ，…」になります。

Lernt sie fleißig? —**Ja**, sie lernt fleißig. / **Nein**, sie lernt **nicht** fleißig.

② 否定文を作るときは，先ず不定形句を考え，否定したい文成分の前に nicht を置きます。

不定形句：heute Abend tanzen	今晩ダンスをする
tanzen を否定：heute Abend **nicht** tanzen (1)	今晩ダンスをしない
heute Abend を否定：**nicht** heute Abend tanzen (2)	ダンスをするのは今晩ではない

文 (1)：Ich tanze heute Abend **nicht**.	私は今晩ダンスをしません。
文 (2)：Ich tanze **nicht** heute Abend, ...	私がダンスをするのは今晩ではなくて…

文(1)は全文否定，文(2)は部分否定です。文(2)はさらに文が続く感じがあります。

Ich tanze **nicht** heute Abend, **sondern**＊ morgen Abend.

　＊ nicht 〜 , sondern ... （英語：*not* 〜, *but* ...）「〜ではなく，…」

Übung_7 次の疑問文に肯定と否定で答えましょう。

1. Kommst du aus Japan?   肯定：

                            否定：

2. Heißt du Hans?   肯定：

                            否定：

3. Reist du oft?   肯定：

                            否定：

4. Kommt ihr morgen?   肯定：

                            否定：

5. Arbeitet er fleißig?   肯定：

                            否定：

6. Wohnen sie in Heidelberg?   肯定：

                            否定：

---

❻ 補足疑問文（疑問詞を用いた疑問文）

119

Wo arbeitest du?	君はどこで働いているの。
— Ich arbeite in Frankfurt.	私はフランクフルトで働いてます。
Wer kommt morgen Abend?	明晩誰が来ますか。
— Morgen Abend kommt Herr* Meyer.	明晩はマイヤーさんが来ます。* Herr（英語：*Mr.*）

2-4   **補足疑問文**

① 補足疑問文では，**文頭に疑問詞，2番目に定形**が置かれます。

120

     Wohin   ***gehst***   du   morgen? — Morgen gehe ich in die Altstadt*.
     疑問詞（文頭）   定形（第2位）

       * die Altstadt（英語：*the old part of the town*）旧市街

② 疑問詞

121

was 何	**wer** 誰が	**wo** どこ	**woher** どこから	**wohin** どこへ
wann いつ，何時に	**wie** どのように，どのくらい		**warum** なぜ	

wie は他の形容詞や副詞とともに，また wann は前置詞とともに使われることもあります。

wie alt　（英語：*how old*）　　**wie lange**　どのくらい長く

wie groß　どのくらい大きい，どのくらい背が高い　　**wie viel**　（英語：*how many / how much*）

seit wann　いつから（継続）　　**bis wann**　いつまで

Wie lange bleibst du dort? — Dort bleibe ich zwei Wochen*.　*zwei Wochen 2 週間

Wie viel (Was) kostet das*? — Das kostet zwanzig Euro.　*das それは（指示代名詞）

Seit wann wohnst du hier? — Hier wohne ich seit drei Monaten*.

　　　　* seit drei Monaten 3ヶ月前から

Übung 8　下の語を利用し，次の文をドイツ語に改めましょう。また ［　］内の語が答えとなるような文を作りましょう。

1. 彼はどこから来ましたか。 [aus Heidelberg]

2. 君は何という名前なの。（どのようにいいますか：was ではなく wie を使う）　[Monika]

3. 君はどこへ旅行するの。 [nach Dresden]

4. 君たちは今（jetzt）どこで働いていますか。 [in Wien]

5. 誰がその窓* を開けるの。 [du]　　　　　　　　　　　　　　　* その窓 das Fenster

6. あなた方は明日（morgen）何をしますか。 [Tennis spielen]

7. その仕事* はいつ終わりますか。 [um fünf Uhr: 5 時に]　　　　* その仕事 die Arbeit

8. 君たちはいつまでここに（hier）滞在するの。 [bis übermorgen: 明後日まで]

9. その本* はいくらですか。 [zehn Euro: 10 ユーロ]　　　　　　* その本 das Buch

10. あなたは（敬称）もう（schon）どのくらい長くドイツ語を学んでいますか。 [zwei Jahre: 2 年間]

動詞：bleiben, öffnen, reisen, heißen, machen,
arbeiten, kommen, enden, lernen, kosten

第1部　名詞の性　定冠詞と不定冠詞

● 名詞の性と冠詞

123

男性名詞：	*der*	Mann	その男性	*ein*	Mann	1人の男性
	der	Tisch	そのテーブル	*ein*	Tisch	1つのテーブル
女性名詞：	*die*	Frau	その女性	*eine*	Frau	1人の女性
	die	Tasche	そのカバン	*eine*	Tasche	1つのカバン
中性名詞：	*das*	Kind	その子供	*ein*	Kind	1人の子供
	das	Buch	その本	*ein*	Buch	1冊の本
複数名詞：	*die*	Leute	その人々		Leute	人々

　ドイツ語では固有名詞だけではなく普通名詞も**頭文字を常に大文字**で書きます。代名詞と数詞は文頭以外では頭文字は小文字です。

1-1　名詞の性と冠詞

① ドイツ語の名詞には**文法上の性**があります。人だけではなく物も含めてすべての名詞は男性，女性，中性のいずれかの性に分類されます（わずかですが複数形しかない名詞もあります）。
　辞書などで名詞の性は次のように表記されています。

　　　男性名詞：　m. / r / 男　　女性名詞：　f. / e / 囡　　中性名詞：n. / s / 田
　　　複数名詞：　pl. / 履

② 名詞の性は冠詞の形の違いによって表されます。
　a. 定冠詞「その～」（英語：*the*）は普通特定されたものを指すときに使われますが，種族や一般的概念，交通手段などを表すときにも使われます。

　　　男性名詞 *der*　　女性名詞 *die*　　中性名詞 *das*　　複数名詞 *die**
　　　* 名詞は複数になると性に関わりなく，定冠詞はすべて die になる（→ Lektion 3）。

　b. 不定冠詞「（ある）1つの～，（ある）1人の～」（英語：*a, an*）は不特定なものを指すときに使われます。

　　　男性名詞 *ein*　　女性名詞 *eine*　　中性名詞 *ein*

人を表す名詞の性は自然の性により容易に判別できますが，物を表す名詞の性は習慣的なものですので，名詞は定冠詞を付けて覚えるようにしましょう。

der Sohn	（その）息子	die Tochter	（その）娘	das Baby	（その）赤ん坊
der Hund	（その）犬	die Katze	（その）猫	das Tier	（その）動物
der Zug	（その）列車	die Straßenbahn	（その）路面電車	das Auto	（その）自動車

🎧 124 ［Übung 1］ 音声を聴き，定冠詞と不定冠詞（複数名詞は無冠詞）を付けて次の名詞を発音しましょう。

Vater	父	Mutter	母	Kind	子供	Park	公園	Stadt	町
Haus	家	Eltern	両親	Leute	人々	Ferien	休暇		

🔑 ❷ 格変化と格の意味

🎧 125

Der Mann wohnt hier.	その男性はここに住んでいます。
Da steht das Haus **_des_** Mann**_es_**.	そこにその男性の家が建っています。
Ich helfe **_dem_** Mann.	私はその男性を手伝います。
Ich liebe **_den_** Mann.	私はその男性を愛しています。

1-2 格変化と格の意味

「格」とは文中で名詞が果たす役割を意味し，日本語の格助詞（が，の，に，を）に近い働きをします。ドイツ語には4つの格（1格，2格，3格，4格）があり，冠詞は格によっても変化します。

① 定冠詞付き名詞の格変化

🎧 126

	男		女		中		複	
	その男性		その女性		その少女		その人々	
1格	**_der_**	Mann	**_die_**	Frau	**_das_**	Mädchen	**_die_**	Leute
2格	**_des_**	Mann(**_e_**)**_s_**	**_der_**	Frau	**_des_**	Mädchen**_s_**	**_der_**	Leute
3格	**_dem_**	Mann	**_der_**	Frau	**_dem_**	Mädchen	**_den_**	Leute**_n_**
4格	**_den_**	Mann	**_die_**	Frau	**_das_**	Mädchen	**_die_**	Leute

② 名詞自体の変化

男性名詞と中性名詞の2格には語尾に普通 -s または -es が付きます（強変化名詞）。Mann のように1音節の名詞や -s, -ß, -x, -z, -st, -sch, -tsch で終わる名詞には -es を付ける傾向があります。また複数名詞3格の語尾には -n を付けます（→ Lektion 3　2-2）。

Übung 2　次の名詞を 1 格から 4 格まで格変化させましょう。

der Vater　　　die Mutter　　　das Kind　　　der Tisch　　　die Tasche　　　das Auto

③ 格の意味

　　a. 1 格（主格）：主に主語の働きをします。

Der Mann wohnt hier.
主語（男性 1 格）

　　b. 2 格（所有格）：所有の意味を表し，後ろから
　　　 前の名詞にかかります。

Da steht das Haus des Mannes.
～の（男性 2 格）

　　c. 3 格（間接目的格）：3 格と結び付く動詞の目
　　　 的語になります。helfen「～（3 格）を手伝う」
　　　 は 3 格目的語と結びつきます。

Ich helfe dem Mann.
3 格目的語（男性 3 格）

　　d. 4 格（直接目的格）：4 格と結び付く動詞の目
　　　 的語になります。lieben「～（4 格）を愛する」
　　　 は 4 格目的語と結び付きます。

Ich liebe den Mann.
4 格目的語（男性 4 格）

Übung 3　Schlüssel 2 の例文中の Mann をそれぞれ Frau と Mädchen にかえて文を書き換えましょう。

1-3　動詞の格支配

　目的語として 3 格が用いられるのか 4 格が用いられるのかは，個々の動詞によって決まっています。これを**動詞の格支配**と言います。4 格支配の動詞は他動詞，3 格支配あるいは目的語を取らない動詞は自動詞と呼ばれます。3 格支配の動詞は比較的数が少ないですから，しっかり覚えるようにしましょう。まれに 2 格を目的語とする動詞もあります。

① 4 格支配の動詞 〈他動詞〉（多数）

　　辞書の表記　　grüßen（他）人^4 / j^4 / jn.　（人^4 に）挨拶する

　　kaufen 物^4 を買う　　　　besuchen 人^4，場所^4 を訪れる　　　　kennen 人^4 を知っている
　　lieben 人^4 を愛する　　　 suchen 人^4・物^4 を探す　　　　　　 tragen 物^4 を身に付ける，運ぶ
　　fragen 人^4 に尋ねる　　　 heiraten 人^4 と結婚する　　　　　　　machen 事^4 をする，物^4 を作る
　　finden 人^4・物^4 を見つける，人^4・物^4 を～だと思う　　など

② 3 格支配の動詞〈自動詞〉（比較的少数）

辞書の表記　　danken（自）人³ / j³ / jm.　（人³ に）感謝する，礼を言う

begegnen　人³ に出会う　　danken　人³ に感謝する　　folgen　人³・物³ に従う
gefallen　人³ に気に入る　　gehören　人³ のものである　　helfen　人³ を手伝う，援助する　など

〈2 格支配の動詞〉
gedenken　人²・事²（のことを）思い出す，心に思う　　bedürfen　人²・物² を必要とする
Er gedenkt stets **des Mädchens**.　彼はいつもその少女のことを心にかけています。

Übung 4　音声を聴いて定冠詞を入れ，文を訳しましょう。

1. Wo liegt _____ Park?

2. Da steht _____ Auto.

3. Kennst du _____ Mann gut?

4. Ich helfe _____ Mutter.

5. Dort begegnet er _____ Frau oft.

6. _____ Ratschlag folgen wir nicht.

7. _____ Student fragt _____ Professor.

8. Heute besucht _____ Herr _____ Stadt.

9. _____ Leute lieben _____ Mädchen.

10. _____ Ring kauft _____ Dame.

11. _____ Fahrrad gehört _____ Kind.

12. _____ Mutter dankt _____ Lehrer.

13. _____ Junge findet _____ Computerspiel super.

❸ 不定冠詞付き名詞の格変化

Der Arzt kauft **einen** Wagen.	その医者は 1 台の自動車を買います。
Die Frau sucht **eine** Wohnung.	その女性は住まいを探しています。
Das Bilderbuch gehört **einem** Mädchen.	その絵本はある 1 人の少女のものです。
Dem Mann folgt **ein** Kind.	その男のあとを 1 人の子供がついて行きます。

③ 不定冠詞付き名詞の格変化

	男		女		中		複
	一台の自動車		1つの住まい		一冊の本		（何冊かの）本
1格	*ein*	Wagen	*eine*	Wohnung	*ein*	Buch	Bücher
2格	*eines*	Wagen*s*	*einer*	Wohnung	*eines*	Buch(*e*)*s*	Bücher
3格	*einem*	Wagen	*einer*	Wohnung	*einem*	Buch	Bücher*n*
4格	*einen*	Wagen	*eine*	Wohnung	*ein*	Buch	Bücher

Übung 5　次の名詞を1格から4格まで格変化させましょう。

ein Mann　　eine Frau　　ein Kind　　ein Brief　　eine Karte　　ein Heft

Übung 6　次の日本語に合うように，適切な冠詞を入れましょう。

1.　その男性教授を1人の男子大学生が訪ねます。

　　_____ Professor besucht _____ Student.

2.　ひとりの女子大学生がその女性教授に尋ねます。

　　_____ Studentin fragt _____ Professorin.

3.　その男子生徒はノート1冊と鉛筆1本そしてCDを1枚買います。

　　_____ Schüler kauft _____ Heft, _____ Bleistift und _____ CD.

4.　その女子生徒はその男性教師に心から感謝しています。

　　_____ Schülerin dankt _____ Lehrer herzlich.

5.　その女性教師はその日本人男性をよく知っています。

　　_____ Lehrerin kennt _____ Japaner gut.

6.　その友人はある日本人女性と結婚します。

　　_____ Freund heiratet _____ Japanerin.

7.　その女友だちは住まいを探しています。

　　_____ Freundin sucht _____ Wohnung.

8.　そのポルシェはある女性医師のものです。

　　_____ Porsche gehört _____ Ärztin.

〈身分，職業，国籍〉

身分，職業，国籍を表す名詞は男性名詞で男の人を表します。女の人を表す場合には語末に -in をつけます（例外もあります）。また名詞中の母音がウムラウトするものもあります。

男性名詞	女性名詞	男性名詞	女性名詞
Professor　男性教授	Professorin　女性教授	Freund　男の友人	Freundin　女の友人
Student　男子大学生	Studentin　女子大学生	Japaner　日本人男性	Japanerin　日本人女性
Lehrer　男性教師	Lehrerin　女性教師	Kellner　ウエイター	Kellnerin　ウエイトレス
Schüler　男子生徒	Schülerin　女子生徒	Arzt　男性医師	Ärztin　女性医師

 ❹ 3格・4格支配の動詞

130

Der Kellner bringt **dem** Gast **eine** Tasse Kaffee.　ウェイターがお客に1杯のコーヒーを持ってくる。

Die Mutter kauft **dem** Sohn **einen** Anzug.　母親はその息子に1着のスーツを買ってあげる。

1-4　3格・4格支配の動詞〈他動詞〉

① 2つの目的語（3格と4格）と結びつく動詞の場合，意味は普通「〜（人³）に…（物⁴）を‥する」となります。人が3格，物（事）が4格になりますから，格の使い方で迷うことはないと思います。

bringen	人³に物⁴を持ってくる	geben	人³に物⁴を与える，渡す
kaufen	人³に物⁴を買ってあげる	leihen	人³に物⁴を貸す
schenken	人³に物⁴をプレゼントする	schreiben	人³に物⁴を書く
wünschen	人³に物⁴・事⁴を望む	zeigen	人³に物⁴を見せる，示す，教える

Der Kellner　bringt　dem Gast　　　　eine Tasse　　　　Kaffee*.
　　　　　　　　　　目的語（男性3格：〜に）　目的語（女性4格：〜を）

＊ eine Tasse Kaffee（英語：*a cup of coffee*）　Kaffee はこの場合冠詞なしで無変化のまま用いる。

〈2つの4格目的語と結びつく動詞〉

nennen　　人⁴・物⁴を〜（4格）と名付ける，呼ぶ

　　Sie nennen das Mädchen Momo.　彼らはその少女をモモと呼びます。

② 3格と4格の目的語が並び，どちらか一方に定冠詞，もう一方に不定冠詞がついている場合は，普通〈**定冠詞付き名詞−不定冠詞付き名詞**〉の順になります。不定冠詞付き名詞の方が情報としての価値が高いからです。

Die Mutter kauft	den Anzug	einem Sohn.	母親はそのスーツを1人の息子に買ってあげる。
	男性4格	男性3格	
Die Mutter kauft	dem Sohn	einen Anzug.	母親はその息子に1着のスーツを買ってあげる。
	男性3格	男性4格	

Übung 7 　下の語句を利用し，次の文をドイツ語に改めましょう。

1. その少年はその少女に一輪の花（Blume囡）をプレゼントします。

2. その少女はその女友達に1枚の写真（Bild匣）を見せます。

3. その娘は父親に一通の手紙（Brief團）を書きます。

4. その父親はその娘に自転車（Fahrrad匣）を1台買ってあげます。

5. そのプレゼント（Geschenk匣）を私たちはその伯母に明日渡します。

6. そのウェイトレスがすぐにその婦人にグラス（Glas匣）1杯の水（Wasser匣：無冠詞）を持ってきます。

> 動詞：kaufen, bringen, geben, schenken, zeigen, schreiben
> 名詞：Junge團, Tochter囡, Mädchen匣, Kellnerin囡, Freundin囡, Vater團, Tante囡, Dame囡
> 副詞：sofort, morgen

❺ 2格の用法

131

Die Tochter **des Lehrers** heiratet einen Japaner. その男性教師の娘はある日本人と結婚します。

Kennst du den Sohn **der Lehrerin**? 　君はその女性教師の息子を知っていますか。

Dem Vater **des Kindes** zeigt er ein Foto **des Sportfests**.
その子供の父親に彼は運動会の写真を見せます。

1-5 　2格の用法

① 2格は所有を表し，修飾される名詞の後ろに置かれます。

die Tochter **des Lehrers**	その男性教師の娘	das Auto **eines Mannes**	ある男性の車
男性2格		男性2格	
der Sohn **der Lehrerin**	その女性教師の息子	das Fahrrad **eines Mädchens**	ある少女の自転車
女性2格		中性2格	

② 2格は普通付加語（他の語を修飾する語）として用いられ，独立した文成分にはなりません。次の文は4つの文成分から構成されています。

Dem Vater	**des Kindes**	zeigt	er	ein Foto	**des Sportfests**.
3格目的語	中性2格（付加語）	述語	主語	4格目的語	中性2格（付加語）
1つの文成分				1つの文成分	

日本語の意味に合うように冠詞と名詞を補いましょう。

1. ある日本人男性（Japaner男）の別荘
   die Villa _____

2. その女子大学生（Studentin女）の 1 人の兄弟
   ein Bruder _____

3. その家族（Familie女）の 1 枚の写真
   ein Bild _____

4. あるコンサート（Konzert中）のチケット
   das Ticket _____

Übung 9 Übung 8 と下の語句を利用し，次の文をドイツ語に改めましょう。

1. そこにはある日本人男性の別荘が建っています。

2. そのスポーツカーはその女子大学生の 1 人の兄弟のものです。

3. その日本人男性はそのガールフレンドに家族の写真を 1 枚見せます。

4. あるコンサートのチケットをその女性は 1 人のボーイフレンドにプレゼントします。

> 動詞：zeigen, stehen, schenken, gehören
> 名詞：Freund男, Freundin女, Japaner男, Frau女, Sportwagen男
> 副詞：da

第 2 部　動詞　sein　haben　werden

❻ 動詞　sein　haben　werden

132

Der Sohn **ist** noch Student.	その息子はまだ大学生です。
Bist du schon müde?	君はもう疲れましたか。
Er **hat** heute Zeit.	彼は今日時間があります。
Hast du heute auch Zeit?	君も今日時間がありますか。
Die Tochter des Lehrers **wird** Ärztin.	その男性教師の娘は医者になります。
Du **wirst** bestimmt wieder gesund.	君はきっとまた元気になるよ。

2-1　動詞 sein，haben，werden の現在人称変化（不規則）

　Lektion 1 で扱われた動詞は，現在人称変化のとき語幹は変化しませんでしたが，動詞の中には語幹も含めて不規則に変化するものがあります。その中でも sein「～である，～にいる」，haben「持っている」，werden「～になる」は助動詞としても用いられ*，特に重要な動詞です。

　* haben は完了形，sein は完了形と受動態，werden は未来形と受動態で助動詞としても用いられる。

〈sein（英語：*be*），haben（英語：*have*），werden（英語：*become*）の現在人称変化〉

単数	sein	haben	werden	複数	sein	haben	werden
ich	**bin**	habe	werde	wir	**sind**	haben	werden
du	**bist**	**hast**	**wirst**	ihr	**seid**	habt	werdet
er, sie, es	**ist**	**hat**	**wird**	sie	**sind**	haben	werden
Sie	**sind**	haben	werden	Sie	**sind**	haben	werden

2-2　sein と werden の用法

① sein「～である」と werden「～になる」には述語の内容に当たる語（述語内容語）を主語と同格（1格）で結び付ける働きがあります。述語内容語としては形容詞も用いられます。また述語内容語に身分，職業，国籍を表す名詞がくるときは冠詞を付けません。

Der Sohn **ist** noch Student.
主語（男性1格）　　　述語内容語（男性1格）

Bist du schon müde ?
主語　述語内容語（形容詞）

Die Tochter des Lehrers **wird** Ärztin.
主語（女性1格）　　　　　述語内容語（女性1格）

Du **wirst** bestimmt wieder gesund.
主語　　　　　　　　　　　述語内容語（形容詞）

Wie alt **sind** Sie?
（英語：*How old are you?*）

Ich **bin** achtzehn Jahre alt.
I am eighteen years old.)

② sein にはもともと「～にいる，ある」という存在を表す意味があります。

Ich **bin** in Yokohama.　　**Ist** er noch in Hamburg?　　Wo **bist** du denn jetzt?

2-3　haben の用法

① haben「持っている」は4格支配の動詞です。

Hast du einen Hund?　Ich **habe** das Buch nicht.　Er **hat** eine Schwester.
目的語（男性4格）　　　　　目的語（中性4格）　　　　　目的語（女性4格）

② haben は Zeit囡「時間」や Hunger圐「空腹」などの抽象的な名詞と結びついて熟語を形成します。その場合名詞には冠詞を付けません。

Zeit haben　　　時間（暇）がある　　Wir **haben** heute Zeit.
Hunger haben　　空腹である　　**Hast** du jetzt Hunger?
Durst haben　　のどが渇いている　　Sie **hat** Durst.
Angst haben　　不安，心配である　　Er **hat** große* Angst um** die Gesundheit***.

* große 大きな　** um について　*** Gesundheit囡 健康

Lektion 2　　25

Übung 10　音声を聴いて冠詞または sein，haben，werden の定形を入れ，文を訳しましょう。

1. Die Tochter _____ Arztes _____ Musikerin.

2. Du _____ vielleicht Fieber.

3. Der Sohn _____ Lehrers _____ _____ Hund.

4. Ich _____ sehr gesund.

5. _____ du noch Student?

6. _____ die Mutter _____ Studentin krank?

Übung 11　下の語を利用し，次の文をドイツ語に改めましょう。

1. 彼は将来きっと医者になります。― 君は将来何になるの。

2. 君の職業は何。（君は職業に関して* 何であるか。）― 私はまだ女子生徒ですよ。
   * 職業に関して：von Beruf

3. 君はいったいいつ時間があるの。　― ぼくは明日の晩は暇です。

4. 君たちはいったい今どこにいるんだ。　― 今はぼくたちは東京にいるんですよ。

5. 彼は何歳ですか。― 彼は 19 歳です。

> 動詞：sein，haben，werden　　名詞：Zeit，Arzt，Schülerin
> 副詞（句）：denn，später，bestimmt，noch，jetzt，morgen Abend

München

第1部　動詞の現在人称変化（不規則変化）　命令形

❶ 語幹の母音が変化する動詞

136

Ich fahre nach Hamburg.	私はハンブルクへ行きます。
Fährst du auch nach Hamburg?	君もハンブルクへ行きますか。
Ich spreche Spanisch.	私はスペイン語を話します。
Klaus *spricht* auch gut Spanisch.	クラウスもスペイン語を上手く話します。
Ich lese gern.	私は読書が好きです。
Sie *liest* auch sehr gern.	彼女も読書がとても好きです。

　辞書や本書の巻末に掲載されている不規則動詞には，過去基本形，過去分詞形が不規則に変化するのみならず，現在形も不規則に変化するものがあります。変化の仕方には，パターンに従って変化する場合と，特殊な変化をする場合があります。

1-1　不規則動詞の現在人称変化1（語幹の母音が変化する：3つのタイプ）

　主語が2人称親称単数 du と3人称単数 er, sie, es のとき，語幹の母音が変化する動詞があります。変化のタイプは3つあります。

137

	a → *ä*	e → *i*	e → *ie*
不定形	fahren (乗り物で)行く	helfen 手伝う	sehen 見る
ich du er, sie, es	fahre ***fährst*** ***fährt***	helfe ***hilfst*** ***hilft***	sehe ***siehst*** ***sieht***
wir ihr sie	fahren fahrt fahren	helfen helft helfen	sehen seht sehen
Sie	fahren	helfen	sehen

次の動詞の現在人称変化表を完成させましょう。

不定形	fallen 落ちる	lassen* 〜させる	schlafen 眠っている	tragen 身につける，運ぶ
ich	falle	lasse	schlafe	trage
du				
er, sie, es				
wir	fallen	lassen	schlafen	
ihr	fallt			
sie	fallen	lassen		

不定形	geben 与える	essen* 食べる	sprechen 話す	lesen* 読む，読書する
ich	gebe	esse	spreche	lese
du				
er, sie, es				
wir	geben	essen	sprechen	
ihr	gebt			
sie	geben	essen		

* lassen，essen，lesen は主語が du のとき，人称変化語尾 -st の s が脱落することに注意。

次の動詞について口頭で現在人称変化の練習をしましょう。

fangen 捕える   waschen 洗う   laufen 走る   treffen 出会う   stehlen 盗む

[ ] 内の不定形を定形に改めて入れ，文を訳しましょう。

1. Das Auto _____ sehr schnell. [fahren]

2. Du _____ sehr gut Japanisch. [sprechen]

3. Klaus _____ tief. [schlafen]

4. _____ du gern Modemagazine*? [lesen]   * Modemagazine複 ファッション雑誌

5. Er _____ eine Brille. [tragen]

6. Hans _____ zum Frühstück* nur ein Brötchen. [essen]   * zum Frühstück 朝食に

7. Jetzt _____ der Film. [laufen]

8. _____ du die Frau dort*? [sehen]   * die Frau dort あそこにいる女性

9. Der Frau _____ die Tasche. [gefallen]

10. Anna _____ der Freundin immer beim Deutschlernen*. [helfen]
    * beim Deutschlernen ドイツ語の学習の際に

❷ 特殊な現在人称変化

138

Wissen Sie das?	あなたはそのことを知っていますか。
Nein, das **weiß** ich nicht.	いいえ，それを私は知りません。
Ich nehme ein Taxi.	私はタクシーで行きます。
Nimmst du auch ein Taxi?	君もタクシーを使いますか。

1-2 不規則動詞の現在人称変化2 （語幹，語尾ともに変化する：特殊な変化）

sein, haben, werden の他にも語幹，語尾を含めて特殊な変化をする動詞があります。

139

〈nehmen, wissen, halten の現在人称変化〉

不定形	nehmen 取る	wissen （情報を）知っている	halten 保持する，停車する
ich	nehme	**weiß**	halte
du	**nimmst**	**weißt**	**hältst**
er, sie, es	**nimmt**	**weiß**	**hält**
wir	nehmen	wissen	halten
ihr	nehmt	wisst	haltet
sie	nehmen	wissen	halten
Sie	nehmen	wissen	halten

Übung 4 ［　］内の不定形を定形に改めて入れ，文を訳しましょう。

1. ＿＿＿＿＿ du die Adresse der Frau?　[wissen]

2. Er ＿＿＿＿＿ die Antwort leider nicht.　[wissen]

3. ＿＿＿＿＿ du den schwarzen* Anzug?　[nehmen]　　　* schwarzen 黒の

4. Er ＿＿＿＿＿ jeden Abend* eine Schlaftablette.　[nehmen]　　* jeden Abend 毎晩

5. ＿＿＿＿＿ der Zug in Hiyoshi?　[halten]

6. Was ＿＿＿＿＿ du in der Hand*?　[halten]　　* in der Hand 手に

Übung 5 下の語句を利用し，ドイツ語に改めましょう。

1. 君は朝新聞（無冠詞）を読みますか。

2. その男子生徒はその本が気に入っていますか。

3. そのバスはここには停まりません。

4. 彼はあそこで何を見ているのですか。

5. クラウスは毎日*父親の手伝いをしています。 　　　　　　　　　　　* 毎日 jeden Tag

6. アンナはその答えをまだ知りません。

7. 君はその列車に乗りますか（その列車を使いますか）。

8. そのプレゼントを彼はそのガールフレンドに明日渡します。

> 動詞：wissen, sehen, lesen, geben, nehmen, helfen, halten, gefallen
> 名詞：Antwort囡, Buch囲, Zug團, Zeitung囡, Geschenk囲, Bus團, Vater, Frau,
> 　　　Freundin, Schüler, Klaus, Anna
> 副詞：hier, dort, morgen, morgens, noch

❸ 相手（2人称）に対する命令・要請

***Fahr(e)* langsam *bitte*!**	どうかゆっくり行って（自動車などで）。[du に対する命令]
***Fahrt bitte* langsam!**	どうかゆっくり行って。[ihr に対する命令]
***Bitte fahren Sie* langsam!**	どうかゆっくり行ってください。[Sie に対する要請]

1-3 　命令形

① 命令形の基本的な形

話し相手（2人称）に対して命令あるいは要請する場合，話し相手に対する呼び方の違い（du か ihr か Sie か）によって動詞の形（定形）が異なります。

不定形	kommen 来る	warten 待つ	reden 話をする
du に対する命令	Komm(e) sofort!	Warte hier!	Rede leise!
ihr に対する命令	Kommt sofort!	Wartet hier!	Redet leise!
Sie に対する要請	Kommen Sie sofort!	Warten Sie hier!	Reden Sie leise!

a. Sie に対する要請の場合のみ，動詞のあとに Sie を置きます。この形は接続法第1式による要求話法です（→ Lektion 15 　1-4）。命令形と言われるのは du と ihr に対する場合の2つの形です。

b. du に対する命令形の語尾（*e*）は話し言葉では普通省略されますが，動詞の語幹の末尾が -d, -t, -chn, -ffn, -ig などの場合，この e は省略されません。

c. bitte「どうぞ, どうか」を用いると丁寧な懇願の表現になります。bitte は文の最初, 文の中ほど, 文末のいずれにも置くことができます。

***Bitte** (,) **rechne** schnell!* ***Rechnet bitte** schnell!* ***Rechnen** Sie schnell (,) **bitte**!*

② 語幹の母音が e → i, ie に変化する不規則動詞の命令形

　　主語が du のときの現在人称変化で, 語幹の母音 e が i / ie に変化する不規則動詞は, du に対する命令形でもやはり母音が変化します。**この場合, 語尾に e は付きません。**

	helfen (du hilfst)	lesen (du liest)	nehmen (du nimmst)
du に対して	H**i**lf dem Kind!	L**ie**s den Roman!	***Nimm** hier Platz*!*
ihr に対して	Helft dem Kind!	Lest den Roman!	Nehmt hier Platz!
Sie に対して	Helfen Sie dem Kind!	Lesen Sie den Roman!	Nehmen Sie hier Platz!

* Platz nehmen 座る

③ sein と werden の命令形は特別な形になります。

	sein (du bist)	werden (du wirst)
du に対して	***Sei** ruhig!*	***Werde** Arzt!*
ihr に対して	***Seid** ruhig!*	***Werdet** Arzt!*
Sie に対して	***Seien Sie** ruhig!*	***Werden Sie** Arzt!*

Übung 6　音声を聴き, 〔　〕内の動詞を命令形にして下線部に入れ, 文を訳しましょう。

1. Bitte _____ mir* das Foto!　[zeigen]　　　　* mir: ich の 3 格
2. _____ ihm* bitte den Brief!　[geben]　　　　* ihm: er の 3 格
3. _____ bitte langsam!　[sprechen]
4. _____, dort ist der Turm der Kirche!　[sehen]
5. _____ doch das Buch!　[lesen]
6. _____ gut!　[schlafen]
7. _____ ein Taxi!　[nehmen]
8. _____ nicht zu viel!　[essen]
9. _____ bitte die Stadt!　[besuchen]
10. _____ fleißig!　[arbeiten]
11. Bitte _____ Sie vorsichtig!　[sein]
12. _____ nett zu Maria!　[sein]

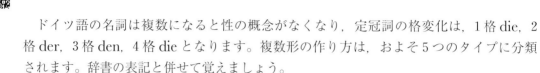

🎧 145

Die Mütter kaufen **den Töchtern Bücher**.　その母親たちは娘たちに本を買ってあげます。

Wissen Sie **den Namen des Jungen**?　あなたはその少年の名前を知っていますか。

　ドイツ語の名詞は複数になると性の概念がなくなり，定冠詞の格変化は，1 格 die，2 格 der，3 格 den，4 格 die となります。複数形の作り方は，およそ 5 つのタイプに分類されます。辞書の表記と併せて覚えましょう。

辞書の表記例

（2 格語尾）　　　　　　　　　　　　　　（2 格語尾）

Tisch 男 -es (-s) ／ -e テーブル　　　　Haus 中 -es ／ ⁻er (Häuser) 家

（性）　　　（複数形語尾）　　　　　　　　（性）　（複数形語尾または複数形）

2-1　複数形の 5 つのタイプ

① 無語尾型：語尾に何も付けません。a, o, u がウムラウトする名詞もあります。

[単数]　　　　　　　　　　　　[複数]　　　　　　[単数]　　　　　　　　　　　　　[複数]

der Onkel 男 -s/ - 伯父 → die Onkel　　　　ein Zimmer 中 -s/ - 部屋　→ Zimmer

der Vater 男 -s/ ⁻ 父親 → die V**ä**ter　　　　ein Vogel 男 -s/ ⁻ 鳥　　　→ V**ö**gel

② -e 型：語尾に -e を付けます。a, o, u がウムラウトする名詞もあります。

[単数]　　　　　　　　　　　　[複数]　　　　　　[単数]　　　　　　　　　　　　[複数]

der Tag 男 -es (-s)/ -e 日 → die Tag**e**　　　　ein Baum 男 -es (-s)/⁻e 木 → B**äu**m**e**

die Nacht 女 - / ⁻e 夜　→ die N**ä**cht**e**　　　ein Gast 男 -es (-s)/⁻e 客 → Gäst**e**

③ -er 型：語尾に -er を付けます。a, o, u は必ずウムラウトします。

[単数]　　　　　　　　　　　　　　　　[複数]

das Kind 中 -es (-s)/ -er 子供　　　　　→ die Kind**er**

das Haus 中 -es/ ⁻er 家　　　　　　　→ die H**äu**s**er**

ein Kleid 中 -es (-s)/ -er ドレス，ワンピース　→ Kleid**er**

ein Land 中 -es(-s)/ ⁻er 国，地方，土地　　→ L**ä**nd**er**

④ -en / -n 型：語尾に -en または -n を付けます。a, o, u はウムラウトしません。

[単数]　　　　　　　　　　　　　　　[複数]

die Frau 女 - / -en 女性　　　　　　　→ die Frau**en**

eine Schwester 女 - / -n 姉妹　　　　→ Schwester**n**

eine Minute 女 - / -n 分　　　　　　→ Minute**n**

（die Studentin 女 - / -nen 女子大学生　→ die Studentin**nen**）

-in で終わる女性名詞には n を重ねて -en を付けます。

⑤ - s 型：語尾に -s を付けます。a, o, u はウムラウトしません。

[単数]	[複数]	[単数]	[複数]
das Hotel 田 -s/ -s ホテル	→ die Hotel*s*	ein Chef 男 -s/ -s 上役	→ Chef*s*
die Kamera 安 - / -s カメラ	→ die Kamera*s*	ein Auto 田 -s/ -s 自動車	→ Auto*s*

〈上記の 5 つのパターン以外の複数形〉

die Kenntnis 認識	→ die Kenntnisse	das Museum 博物館	→ die Museen
die Villa 別荘	→ die Villen	das Material 材料	→ die Materialien

2-2 複数名詞の格変化

① 複数 3 格では語尾に -n をつけます。ただし複数形が -n で終わる名詞と，-s 型の名詞にはこの -n を付けません。

② 名詞の中には複数形しかないものもあります：Eltern「両親」，Ferien「休暇」，Leute「人々」

🎧 146

	無語尾型	-e 型	-er 型	-en / -n 型	-s 型	複数形のみの名詞	
	伯父たち	息子たち	家々	女性たち	自動車	人々	休暇
1 格	*die* Onkel	Söhne	Häuser	Frauen	Autos	Leute	Ferien
2 格	*der* Onkel	Söhne	Häuser	Frauen	Autos	Leute	Ferien
3 格	*den* Onkel*n*	Söhne*n*	Häuser*n*	Frauen	Autos	Leute*n*	Ferien
4 格	*die* Onkel	Söhne	Häuser	Frauen	Autos	Leute	Ferien

Übung 7 記号を見てそれぞれの名詞を単数 1 格から複数 4 格まで変化させましょう。

der Fisch 男 -(e)s/ -e	die Uhr 安 -/ -en	das Hotel 田 -s/ -s
ein Bruder 男 -s/ ¨	eine Schwester 安 -/ -n	ein Kind 田 -(e)s/ -er

2-3 男性弱変化名詞

男性名詞の中には単数 2, 3, 4 格の語尾に -en (-n) が付くものがあります。これは**男性弱変化名詞**と呼ばれます。辞書の表記では単数 2 格のところが -en (-n) になっています（単数 2 格語尾に -s (-es) が付く名詞は強変化名詞と呼ばれます）。

Student 男 -en/ -en 大学生　　　　　　　Junge 男 -n/ -n 少年

	[単数]		[複数]	
1格	der	Student	die	Studenten
2格	des	Student*en*	der	Studenten
3格	dem	Student*en*	den	Studenten
4格	den	Student*en*	die	Studenten

	[単数]		[複数]	
	der	Junge	die	Jungen
	des	Junge*n*	der	Jungen
	dem	Junge*n*	den	Jungen
	den	Junge*n*	die	Jungen

男性弱変化名詞には次のようなものがあります。

Mensch 人間　Pianist ピアニスト　Polizist 警察官　Tourist 旅行者　Präsident 大統領

Patient 患者　Herr 男 -n/ -en 紳士　Franzose 男 -n/ -n フランス人　など

2-4　特殊な格変化をする名詞

Name「名前」，Friede「平和」，Wille「意志」，Gedanke「思考」などは単数2格に -ns，単数3，4格に -n が付きます。

Herz「心」は単数2格に -ens，単数3格に -en が付きます。

Name 名前				
	単数		複数	
1格	der	Name	die	Namen
2格	des	Name*ns*	der	Namen
3格	dem	Name*n*	den	Namen
4格	den	Name*n*	die	Namen

Herz 心				
	単数		複数	
1格	das	Herz	die	Herzen
2格	des	Herz*ens*	der	Herzen
3格	dem	Herz*en*	den	Herzen
4格	das	Herz	die	Herzen

Übung 8　上記の男性弱変化名詞と下の語を利用し，ドイツ語に改めましょう。

1. その少年は1人の警察官に尋ねます。
2. その警察官がその少年に道を教えます。
3. その女子大学生たちはその男子大学生の名前を知っています。
4. それらの家はそこにいるその紳士* のものです。

　　　*「そこにいる（ある）～」という場合は，名詞のあとに dort / da を置く。

5. どうかその子供たちに絵本（複数無冠詞）をプレゼントして下さい。[Sie に対する要請]
6. どうかそれらの自動車を修理して！［ihr に対する命令］
7. どうかそれらの町を訪ねて！［du に対する命令］

> 動詞：reparieren, schenken, besuchen, zeigen, fragen, wissen, gehören
> 名詞：Weg 男 -(e)s/ -e, Studentin 女 -/ Studentinnen, Stadt 女 -/ Städte, Haus 中 -es/
> 　　　Häuser, Kind 中 -(e)s/ -er, Auto 中 -s/ -s, Bilderbuch 中 -(e)s/ Bilderbücher

Lektion	**4**	定冠詞類と不定冠詞類　否定の仕方 人称代名詞　疑問代名詞 wer と was

第1部　定冠詞類と不定冠詞類　否定の仕方

❶ 定冠詞類の格変化と用法

147

Dieser Zug fährt nach Salzburg.　　　　この列車はザルツブルクへ行きます。

Ich nehme ***diesen*** Zug.　　　　　　　私はこの列車に乗ります。

In Deutschland gibt man* ***jedem*** ICE** einen Namen.
　ドイツではどの ICE にも名前が付けられています。
　　* man（一般的に）人は　** ICE（Intercity-Express：ドイツの新幹線）

Der Name ***dieses*** Zuges ist Mozart.　　この列車の名前はモーツァルトです。

1-1　定冠詞類の格変化

　名詞の前に置かれてその名詞を規定する語の中で，定冠詞に準ずる変化をするものは定冠詞類と呼ばれます。

（男性 1 格）

148

dies-er この　　***jen-er*** あの，例の　　***solch-er*** このような，そのような

jed-er**** どの〜も，各々の　***manch-er 少なからぬ　***all-er***** すべての　***welch-er*** どの

　　* jed-er は単数名詞にのみに付きます。** all-er は多くの場合複数名詞に付きます。

dies-er の格変化

	男	女	中	複
	この列車	この時計	この自動車	これらの列車
1 格	dies**er**　Zug	dies**e**　Uhr	dies**es***　Auto	dies**e**　Züge
2 格	dies**es**　Zuges	dies**er**　Uhr	dies**es**　Autos	dies**er**　Züge
3 格	dies**em**　Zug	dies**er**　Uhr	dies**em**　Auto	dies**en**　Zügen
4 格	dies**en**　Zug	dies**e**　Uhr	dies**es***　Auto	dies**e**　Züge

　* 定冠詞と語尾の形が異なるのは，中性の 1 格と 4 格のみ。

1-2　定冠詞類の用法

① 名詞の格の用法はどのような冠詞類が付いていても同じです。

Dieser Zug fährt nach Salzburg.　　　　　Ich nehme diesen Zug.
　1 格（主語）　　　　　　　　　　　　　　　　4 格目的語

In Deutschland gibt man jedem ICE einen Namen. Der Name dieses Zuges ist Mozart.
　　　　　　　　　3 格目的語　　　　　　　　　　　2 格（所有の意味の付加語）

welch-er（疑問代名詞）が用いられる場合，welch-er が付いている文成分は文頭に置かれます。

Welchem Kind gehört das Buch?　　　**Welches** Buch kaufst du?
　　3 格目的語　　　　　　　　　　　　4 格目的語

② ドイツ語の名詞は 4 格で用いられると副詞の働きをすることがあります（4 格の副詞的用法）。dieser と jeder は時間的なものを表す名詞と結び付いてよく副詞的に用いられます。

diesen Monat	今月	jeden Monat	毎月
diese Woche	今週	jede Woche	毎週
dieses Jahr	今年	jedes Jahr	毎年
diesen Sonntag	この日曜日に	jeden Sonntag	毎週日曜日に
		jeden Tag	毎日

Er fährt diesen Monat / jedes Jahr nach Deutschland.　　　彼は今月／毎年ドイツへ行きます。
　　　　　男性 4 格　　　中性 4 格

Übung 1 ： 日本語に合うようにまず定冠詞類を 1 格の形で書き，更に指示された格に改めましょう。

1.　この女性 ＿＿＿＿＿＿＿ Frau 囡 　　　　　　　　　　→ 4 格 ＿＿＿＿＿＿＿

2.　どの学生も ＿＿＿＿＿＿＿ Student［男 男性弱変化名詞］→ 3 格 ＿＿＿＿＿＿＿

3.　どの列車 ＿＿＿＿＿＿＿ Zug 男 　　　　　　　　　　→ 4 格 ＿＿＿＿＿＿＿

4.　あの船 ＿＿＿＿＿＿＿ Schiff 匣 　　　　　　　　　　→ 2 格 ＿＿＿＿＿＿＿

5.　すべての子供たち ＿＿＿＿＿＿＿ Kinder 覆 　　　　　→ 3 格 ＿＿＿＿＿＿＿

Übung 2 ： Übung 1 および上記の 4 格の副詞的用法と下の語句を利用し，次の文をドイツ語に改めましょう。

1.　君はこの女性を知っていますか。

2.　大学［定冠詞付き］はどの学生にもコンピューターを 1 台与えます。

3.　君はどの列車に乗りますか。

4.　君はあの船の名前を知っていますか。

5.　すべての子供たちはこの漫画が気に入っています。

6.　君はお母さんの手伝いを毎日しますか。

7.　今年は私はベルリンの大学で（in Berlin）法学［無冠詞］を勉強します。

動詞：nehmen, geben, studieren, gefallen, wissen, kennen, helfen
名詞：Mutter 囡, Computer 男, Jura 覆, Name 男（格変化→ 34 ページ）, Universität 囡,
　　　Manga 匣

〈定冠詞類の単独用法〉

　定冠詞類は名詞を伴わず，単独でも用いられます（指示代名詞：dies-er, jen-er, solch-er　不定代名詞：jed-er, manch-er, all-er　疑問代名詞：welch-er）。格変化は名詞の前に置かれて付加語的に使われる場合と同じです。

　　　Welchen Zug nimmst du?　　　　君はどの列車に乗りますか。

　　　Ich nehme **diesen**.　　　　　私はこれに乗ります。

🎧149 ❷ 不定冠詞類の格変化と用法

Mein Mann hat **keinen** Wagen.　　　　私の夫は自動車を 1 台も持っていません。

Das ist das Fahrrad **meines** Mannes.　　これは私の夫の自転車です。

Meinem Mann gefällt dieses Fahrrad nicht.　私の夫はこの自転車が気に入りません。

Kennen Sie **meinen** Mann?　　　　あなたは私の夫をご存じですか。

1-3　不定冠詞類の格変化

　不定冠詞 ein と同じ格変化をする冠詞類は不定冠詞類と呼ばれ，所有冠詞と否定冠詞があります。

① 所有冠詞

🎧150

mein	私の	**unser**	私たちの
dein	君の（親称）	**euer**	君たちの（親称）
sein	彼の，それの（男性名詞を指す）		
ihr	彼女の，それの（女性名詞を指す）	**ihr**	彼らの，彼女らの，それらの
sein	それの（中性名詞を指す）		
Ihr	あなたの（敬称）	**Ihr**	あなた方の（敬称）

② 否定冠詞

🎧151

kein　　「1 つの，1 人の〜も…ではない」

〈mein の格変化〉

	男		女		中		複	
	私の夫		私の妻		私の子供		私の子供たち	
1格	mein	Mann	mein**e**	Frau	mein	Kind	mein**e***	Kinder
2格	mein**es**	Mannes	mein**er**	Frau	mein**es**	Kindes	mein**er**	Kinder
3格	mein**em**	Mann	mein**er**	Frau	mein**em**	Kind	mein**en**	Kindern
4格	mein**en**	Mann	mein**e**	Frau	mein	Kind	mein**e**	Kinder

＊不定冠詞には複数の形はないが，不定冠詞類には複数を表す定冠詞の語尾が付く。

③ euer「君たちの」のあとに -e- の語尾が付く場合，発音の関係で前の e を 1 つ省くのが一般的です。

euere → eure   euerer → eurer   eueres → eures
euerem → eurem   eueren → euren

Übung 3　Schlüssel 2 の文で下線部の名詞の性と格を書きましょう。

Mein Mann hat keinen Wagen.
（性：　格：　）（性：　格：　）

Das ist das Fahrrad meines Mannes.
　　　　　　　（性：　格：　）（性：　格：　）

Meinem Mann gefällt dieses Fahrrad nicht.
（性：　格：　）　　（性：　格：　）

Kennen Sie meinen Mann?
　　　　　（性：　格：　）

Übung 4　次の名詞を 1 格の形で書き，格変化の練習をしましょう。

1.　私の車　　　　　　＿＿＿＿＿＿　Auto 田

2.　君たちの両親　　　＿＿＿＿＿＿　Eltern 履

3.　私たちの祖父　　　＿＿＿＿＿＿　Großvater 男

4.　彼女のボーイフレンド　＿＿＿＿＿＿　Freund 男

5.　彼の町　　　　　　＿＿＿＿＿＿　Stadt 女

Übung 5　Übung 4 を利用し，[　] 内の日本語に合うように下線部にドイツ語を補いましょう。

1.　die Farbe ＿＿＿＿＿＿＿＿　　　［私の車の色］

2.　das Haus ＿＿＿＿＿＿＿＿　　　［君たちの両親の家］

3.　der Hut ＿＿＿＿＿＿＿＿　　　［私たちのお祖父さんの帽子］

4.　der Sohn ＿＿＿＿＿＿＿＿　　　［彼女の男の友人の息子］

5.　die Geschichte ＿＿＿＿＿＿＿＿　　　［彼の街の歴史］

Übung 6　Übung 5 の表現と下の語を用いて次の文をドイツ語に改めましょう。

1.　私の車の色は赤（無冠詞）です。

2.　君たちの両親の家はどこに建っているの。

3.　私たちは私たちのお祖父さんの帽子を探しています。

4.　このスポーツカーを彼女の男友だちの息子が運転します。

5.　彼はその旅行者に彼の町の歴史を物語ります。

動詞：erzählen, stehen, fahren, suchen, sein
名詞：Sportwagen 男, Tourist 男 -en / -en, Rot 田

🎧 152 [Übung 7] 音声を聴いて所有冠詞を補い，訳しましょう。

1. Wir helfen _____ Mutter jeden Tag beim Kochen*.　　* beim Kochen 料理の際に

2. Besucht ihr oft _____ Eltern?

3. Er ist _____ Großvater sehr ähnlich*.　　* 人³ ähnlich sein ～に似ている

4. _____ Tochter studiert Jura. Was studiert _____ Sohn?

5. _____ Mutter schenkt _____ Vater zum Geburtstag* eine Krawatte.

　　　* zum Geburtstag 誕生日に

6. _____ Vater zeigt dem Bankier* _____ Fabrik.

　　　* Bankier 男 銀行家，銀行経営者

🎧 153 ⚙️―🔑―💾―❸ 否定の仕方 ―――――――

> Haben Sie einen Sportwagen?　　　　　あなたはスポーツカーを持っていますか。
>
> — Nein, ich habe **keinen** Sportwagen.　いいえ，私はスポーツカーを１台も持っていません。
>
> Haben Sie den Sportwagen schon?　　　あなたはそのスポーツカーをすでに持っていますか。
>
> — Nein, ich habe den Sportwagen noch **nicht**.
> 　　いいえ，私はそのスポーツカーをまだ持っていません。

1-4　否定の仕方：kin を使う場合と nicht を使う場合

① kein を使って否定する場合

　a. 不定冠詞付き名詞または複数無冠詞の名詞を否定

　　　Ich habe **keinen** Sportwagen / **keine** Uhr / **kein** Fahrrad / **keine** Kinder.

　b. 通常無冠詞で使われる名詞（不可算名詞）を否定

　　　i Wein 男 「ワイン」，Milch 女 「ミルク」，Bier 中 「ビール」などの物質名詞を否定

　　　　Ich trinke **kein** Bier.　　私はビールを飲みません。

　　但し物質名詞でも特定されている場合は nicht で否定します。

　　　　Ich trinke das Bier **nicht**.　　私はそのビールを飲みません。

　　　ii Hunger 男 「空腹」，Durst 男 「のどの渇き」，Zeit 女 「時間」，Angst 女 「不安」などの抽象名詞を否定

　　　　Ich habe **keinen** Hunger.　　Wir haben **keine** Angst.

② nicht を使って否定する場合

a. ① の場合以外は普通 nicht で否定します。nicht を使うときは先ず不定形句を作り，否定したい要素の前に nicht を置きます。nicht の位置については Lektion 1 (2-3) で見た通りですが，もう一度確認しましょう。

不定形句：(1) ***nicht*** den Ring kaufen

(2) den Ring ***nicht*** kaufen

文(1)：Ich kaufe ***nicht*** den Ring.　私が買うのはその指輪ではありません。

文(2)：Ich kaufe den Ring ***nicht***.　私はその指輪を買いません。

b. 形容詞や名詞が sein，werden などの述語内容語として使われている場合は，nicht はその前に置かれます。

不定形句：***nicht*** krank sein ／ ***nicht*** Arzt sein ／　***nicht*** krank werden

文：Ich bin ***nicht*** krank. ／ Er ist ***nicht*** Arzt. ／ Er wird ***nicht*** krank.

〈熟語的表現の否定〉

無冠詞で使われる名詞でも，Tennis spielen ／ Klavier spielen「テニスをする／ピアノを弾く」，Englisch lernen「英語を学ぶ」などの熟語的な表現の場合は，その前に nicht を置いて否定します。

不定形句：　　　　　 heute ***nicht*** Tennis spielen　　今日テニスをしない

文：　　　Ich spiele heute ***nicht*** Tennis.　　私は今日テニスをしません。

Übung 8　次の疑問文に否定で答えましょう。

1. Hast du einen Bruder?
2. Haben Sie (あなた方は) heute Zeit?
3. Trinken sie Wein?
4. Hast du jetzt Durst?
5. Bist du müde?
6. Wirst du Lehrer?

❹ 否定疑問文とその答え方

154

Sind Sie nicht Arzt?　　　　　　　　　　　あなたは医者ではないのですか。

—（否定の文）***Nein***, ich bin nicht Arzt.　　はい，私は医者ではありません。

—（肯定の文）***Doch***, ich bin Arzt.　　　　いいえ，私は医者です。

Hast du keine Schwester?　　　　　　　　君は姉妹はいないの？

—（否定の文）***Nein***, ich habe keine Schwester.　ええ，姉妹は1人もいません。

—（肯定の文）***Doch***, ich habe eine Schwester.　いいえ，1人姉妹がいます。

否定疑問文に対する答え方

　否定的な内容の決定疑問文に対して，否定の文で答える場合は，〈**Nein**, ...〉「はい，…」，肯定の文で答える場合は，〈**Doch**, ...〉「いいえ，…」となります。

🎧
155
Übung 9　次の疑問文に対する答えを音声を聴いて書き取りましょう。

1.　Hat sie keinen Sohn?

2.　Lernst du nicht Englisch?

3.　Macht ihr keine Pause?

4.　Liest du das Buch nicht?

5.　Sind sie nicht gesund?

6.　Spielt er nicht Fußball?

第 2 部　　人称代名詞　疑問代名詞 wer と was

🔑 ⑤ 人称代名詞

🎧
156

Kennst du **mich**?	あなたは私を知ってるの？
Ja, ich kenne **dich** gut.	ええ，君のことをよく知っているよ。
Hilfst du **mir**?	私を手伝ってくれる？
Ja, ich helfe **dir** gern.	ええ，喜んで君のお手伝いをしますよ。

2-1　人称代名詞の格変化と用法

〈人称代名詞の格変化〉

		1人称	2人称 （親称）	3人称 男	女	中	2人称 （敬称）
単数	1格	ich	du	er	sie	es	Sie
	2格	(meiner)	(deiner)	(seiner)	(ihrer)	(seiner)	(Ihrer)
	3格	**mir**	**dir**	**ihm**	**ihr**	**ihm**	**Ihnen**
	4格	**mich**	**dich**	**ihn**	**sie**	**es**	**Sie**
複数	1格	wir	ihr		sie		Sie
	2格	(unser)	(euer)		(ihrer)		(Ihrer)
	3格	**uns**	**euch**		**ihnen**		**Ihnen**
	4格	**uns**	**euch**		**sie**		**Sie**

① 3人称の人称代名詞は，それが指す名詞の性(数)によって使い分けます。

男性名詞：*er*「彼は，それは」　　　女性名詞：*sie*「彼女は，それは」

中性名詞：*es**「それは」　　　　　複数名詞：*sie*「彼らは，彼女らは，それらは」

　　* 中性名詞はほとんどが物であるが，人の場合もある：das Kind 子供　das Mädchen 少女
　　　das Baby 赤ん坊

② 人称代名詞の1格，3格，4格の用法は名詞の場合と同様です。

Kennst **du** **mich**?　(kennen は 4 格支配の動詞)
　　　1 格(主語)　　4 格目的語

Hilfst **du** **mir**?　(helfen は 3 格支配の動詞)
　　　1 格(主語)　　3 格目的語

〈2 格の人称代名詞〉
2 格には所有の意味はなく，まれに 2 格支配の動詞や形容詞の目的語として，また 2 格支配の前置詞(→ Lektion 5　1-1)のあとに用いられます。

Ihr bedürft* **unser**.　君たちは我々を必要としますよ。
　* bedürfen：2 格支配の動詞「人²・物² を必要とする」

Statt* **meiner** kommt mein Bruder.　私の代わりに私の兄弟が来ます。
　* statt：2 格支配の前置詞「人²・物² の代わりに」

Übung 10 ［　］内の 1 格の人称代名詞を適切な格に改めて入れましょう。

1. Jeden Morgen grüßt er _____. [ich]
2. Ich schenke _____ die Bilderbücher. [sie: 彼ら]
3. Diese Tasche gehört _____. [sie: 彼女]
4. Er hilft _____ sicher. [du]
5. Ich danke _____ herzlich. [ihr]

2-2　人称代名詞に関わる語順

① 文中で名詞と代名詞が並ぶ場合，格に関係なく普通〈代名詞 - 名詞〉の順になります。

Ich schreibe dem Freund eine Postkarte.　　私はその友人に葉書を書きます。
　　　　　　　3 格目的語　　4 格目的語

Ich schreibe **ihm** eine Postkarte.　　私は彼に葉書を書きます。
　　　　　　　3 格目的語　　4 格目的語

Ich schreibe	*sie*	dem Freund.	私はそれをその友人に書きます。
	4格目的語	3格目的語	
Wie gefällt	*Ihnen*	dieses Kleid?	このドレスはあなたにはいかがですか。
	3格目的語	1格(主語)	

② 3格と4格の人称代名詞が並ぶ場合は〈4格－3格〉の順になります。また代名詞と副詞(句)や前置詞句が並ぶ場合は，代名詞の方が前に置かれます。

Ich schreibe *sie* (= eine Postkarte) *ihm* (= dem Freund). 　私はそれを彼に書きます。

Ich besuche *ihn* **heute Abend**. 　私は今晩彼を訪ねます。

Ich kaufe *es* **in diesem Geschäft**. 　私はそれをこの店で買います。

Übung 11 　下線部の語を人称代名詞に変えて，文を書き換えましょう。

1. Das Kind bringt seinem Vater die Zeitung.
2. Der Freund zeigt mir sein Zimmer.
3. Die Frauen kaufen in diesem Geschäft Taschen 履.
4. Die Studentin gibt dem Freund den Fernseher.
5. Der Weihnachtsmann schenkt den Kindern 履 Puppen 履.

---

⑥ wer, was の用法

Wer kommt heute Abend?	今晩誰が来ますか。
Wessen Fahrrad ist das?	それは誰の自転車ですか。
Wem gehört das Fahrrad?	その自転車は誰のものですか。
Wen heiratet sie?	彼女は誰と結婚しますか。
Was steht auf dem Tisch?	そのテーブルの上には何がありますか。
Was schenkst du deiner Freundin?	君は君のガールフレンドに何をプレゼントしますか。

2-3 　wer と was の格変化と用法

　疑問代名詞 wer と was は格変化をします。was の3格は普通用いられません。格の使い方は名詞の場合と同様ですが，2格(wessen)は名詞の前に置かれます。

〈wer と was の格変化〉

1格	*wer*	*was*
2格	*wessen*	*wessen*
3格	*wem*	—
4格	*wen*	*was*

1格(主語)	***Wer*** kommt heute Abend?	***Was*** steht auf dem Tisch?
2格(所有)	***Wessen*** Fahrrad ist das?	
3格(目的語)	***Wem*** gehört das Fahrrad?	
4格(目的語)	***Wen*** heiratet sie?	***Was*** schenkst du deiner Freundin?

〔Übung 12〕下線部の語が答えになるように，wer か was を適切な格に改めて入れましょう。

1. _____ Auto ist das? — Das ist das Auto seines Großvaters.

2. _____ gehört die Villa? — Sie gehört ihrer Großmutter.

3. _____ besucht denn das Museum heute?

   — Heute besucht es der Premierminister*.   * Premierminister 男 首相

4. _____ heiratet sie denn? — Sie heiratet meinen Bruder.

5. _____ besichtigst du denn in der Stadt*? — Ich besichtige Tempel.

                                                   * in der Stadt 町で

6. _____ liegt auf dem Tisch*? — Auf dem Tisch liegt ein Buch.

                                                 * auf dem Tisch テーブルの上に

〈種類を尋ねる表現：was für ein ... 〉

was für ein ... 「どんな種類の…」は，für のあとに不定冠詞付き名詞が置かれ，それが文中の役割に応じて格変化します。複数の場合は無冠詞です。また für 以下が was と分離して文末に置かれることもあります。

    Was für einen Wagen fährst du? — Ich fahre einen Sportwagen.
       男性4格

    Was für Bücher liest du gern? — Ich lese gern Comics.
       複数4格

    Was für ein Tisch steht im Arbeitszimmer? — Da steht ein Schreibtisch.
       男性1格

    Was ist das für eine Blume? — Das ist eine Rose.
           女性1格

第 1 部　前置詞の格支配

❶ 2 格支配，3 格支配，4 格支配の前置詞

> ***Statt*** des Freundes kommt heute sein Bruder.
> その友人の代わりに今日は彼の兄弟が来ます。
>
> Sie fährt ***mit*** dem Fahrrad ***nach*** Wien.　彼女は自転車でウィーンへ行きます。
>
> Der Student lernt fleißig ***für*** die Prüfung.
> その大学生は試験のために熱心に勉強しています。

前置詞の格支配

　前置詞の後ろに置かれる名詞，代名詞の格はそれぞれの前置詞によって決まっています。これを**前置詞の格支配**と言います。前置詞の格支配には，2 格支配，3 格支配，4 格支配，3・4 格支配があります。

1-1　2 格支配の前置詞

statt	〜の代わりに	***trotz***	〜にもかかわらず
wegen	〜の故に，ために（理由）	***während***	〜の間(中)　など

Statt der Freundin kommt heute ihre Schwester.
Wir wohnen ***während*** des Sommers auf dem Land*.　　　* auf dem Land　田舎で

〔Übung 1〕　下の語を利用し，次の日本語をドイツ語に改めましょう。

1. 私の父の代わりに
2. 雨（定冠詞付き）にもかかわらず
3. 彼女の病気のために
4. 夏休み（定冠詞付き）の間中

　名詞：Vater 男，　Regen 男，　Krankheit 女，　Sommerferien 複

〔Übung 2〕　Übung 1 と下の語句を利用し，次の文をドイツ語に改めましょう。

1. 私の父の代わりに私がその市長を訪問します。
2. 雨にもかかわらずその少女たちは外で遊んでいます。
3. 彼女は今日彼女の病気のために欠席しています。
4. 彼は夏休みの間中マクドナルドでアルバイトをします。

　動詞：besuchen, jobben, spielen　　名詞：Bürgermeister 男，　Mädchen 中 -s/ -
　副詞，その他：heute, draußen, abwesend sein, bei McDonald

🎧
160

aus	～（の中）から，～の出身，～（素材）でできた
bei	～（人）のもとに，～（会社など）で，～（事柄）の際に，～（場所）の近くに
gegenüber	～の向かい側に，～（人）に対して
mit	～（手段）で，～（人）と一緒に，～（付属する物，内容物）の付いた，を持った
nach	～（事柄）のあとで，～（地名・国名）へ，～（判断の根拠）によれば
seit	～（時点）以来，～（期間）前から
von	～（起点，開始時点）から，～の（英語：of），～（話題）について，～（動作主）によって
zu	～（人，施設）へ，～（時点）のときに　　など

Er kommt ***aus*** dem Haus.　　Ich komme ***aus*** München.

Er trägt immer ein Hemd ***aus*** Baumwolle*.

* Baumwolle 囡 綿

① ある前置詞と特定の定冠詞が結びついて融合形が作られます。あるものを強調して指示する必要がないときは，普通融合形が用いられます。

　　　　bei dem > ***beim***　　von dem > ***vom***　　zu dem > ***zum***　　zu der > ***zur***

　　　　　　　Er ist jetzt ***beim*** Arzt.　　　　　彼は今医者にいます。

　　　［比較］Er ist jetzt ***bei dem*** Arzt.　　　彼は今その医者のところにいます。

② seit や von などは，あとに副詞が置かれることもあります。

　　　　Seit wann wohnt er in Bremen?　　　Das Geschäft ist ***seit gestern*** zu.

　　　　von rechts (links)　　右（左）から

③ 前置詞句には名詞にかかる付加語的な働きと，動詞にかかる副詞的な働きがあります。

　　付加語的：**Tee** mit Zitrone　　レモンティー　　　der **Zug** nach Wien　　ウィーン行きの列車

　　副詞的：　Ich **fahre** mit dem Fahrrad nachWien.
　　　　　　　　　　　　　　自転車で　　　　ウィーンへ

④ gegenüber は名詞のあとに置かれることもあります。代名詞とともに使われる場合は必ず代名詞のあとに置かれます。

　　名詞の場合：　***gegenüber*** dem Rathaus / dem Rathaus ***gegenüber***　　市庁舎の向かい側に

　　代名詞の場合：ihm ***gegenüber***　　彼と向かい合って，彼に対して（関係）

Übung 3 下の語句を利用し，次の句をドイツ語に改めましょう。

1. その部屋の中から
2. 一昨日から
3. 1週間（不定冠詞付き）前から
4. 彼の伯父のもとに
5. 絹（無冠詞）でできた
6. 夕食（定冠詞付き）のあとで
7. 教会へ（融合形）
8. 仕事（定冠詞付き）の際に（仕事をしながら）
9. 彼の旅行について
10. 駅から（融合形）
11. 医者のところへ（融合形）
12. どの列車で
13. 彼らと一緒に
14. 京都へ

> 名詞：Arzt 男，Bahnhof 男，Woche 女，Onkel 男，Seide 女，Arbeit 女，Zimmer 中，
> Abendessen 中，Reise 女，Kirche 女，Zug 男　　副詞：vorgestern

Übung 4 Übung 3 と下の語句を利用し，次の文をドイツ語に改めましょう。

1. 彼女はその部屋の中から出てきます。
2. その店は一昨日から開いています*。　　　　　　　　　　　　　　* 開いている geöffnet sein
3. 彼は 1 週間前から彼の伯父のもとに住んでいます。
4. 今日は彼女は絹でできたドレスを着ています。
5. 夕食のあとで彼らは教会へ出かけます。
6. 仕事をしながら彼は彼の旅行について話をします。
7. 私は駅から直接医者のところへ行きます。
8. 君はどの列車で彼らと一緒に京都へ行くの。

> 動詞：gehen，wohnen，kommen，tragen，erzählen，fahren
> 名詞：Geschäft 中，Kleid 中
> 副詞：heute，direkt

1-3　4 格支配の前置詞

🎧 161

durch　〜を通り抜けて，〜（原因・手段・仲介）によって
für　　〜（利益・擁護・目的・用途など）のために
gegen　〜に向かって（運動の方向），〜に反して・逆らって・対して（対抗・敵対），〜（時）ごろ
ohne　〜なしに　　　**um**　〜の周りに，〜（時）に　　　**bis**　〜（時間・場所）まで　など

durch den Park　公園を通って　　**für sie**　彼女／彼らのために　　**gegen ihn**　彼に対して
gegen 20 Uhr　20 時頃　　　　　**ohne mich**　私なしで　　　　**um 20 Uhr**　20 時に
um welchen See　どの湖の周りで　**bis** (nach) Berlin　ベルリンまで

Lektion 5　　47

ohne のあとに置かれる名詞はしばしば無冠詞で用いられます。bis はよく無冠詞の名詞や副詞，他の前置詞句とともに用いられます。

ohne Ausnahme　例外なしに　　　　***ohne*** Absicht　意図せずに

bis Weihnachten　クリスマスまで　　***bis*** morgen　　明日まで　　　***bis zur*** Post　郵便局まで

Übung 5　上記の前置詞句と下の語句を利用し，次の文をドイツ語に改めましょう。

1. その子供たちはその公園を通って学校へ行きます。
2. 私の女友だちの父親は彼女のために別荘を建てます。
3. これらの規則は例外なしに通用します。
4. 今日 20 時頃私を訪ねて！［du に対する命令］
5. そのコンサートは明日 20 時に始まります。
6. 君はどの湖の周りをよくドライブするの。
7. どうか郵便局まで行ってください。［Sie に対する要請］

> 動詞：besuchen，laufen，gelten，beginnen，bauen，gehen，spazieren fahren
> 名詞：Schule 囡，Kind 甲 -es/ -er，Villa 囡，Regel 囡 -/ -n，Konzert 甲，Vater 男，
> 　　　Freundin 囡　　副詞：bitte，heute，morgen，und，oft

❷ 3・4 格支配の前置詞

162

Wohin legen Sie das Buch?	あなたはその本をどこへ置きますか。
Ich lege das Buch ***auf* den Tisch**.	私はその本を机の上に置きます。
Wo liegt das Buch?	その本はどこにありますか。
Das Buch liegt ***auf* dem Tisch**.	その本は机の上にあります。

1-4　3・4 格支配の前置詞

位置関係を表す次の 9 個の前置詞は，3 格支配になる場合と 4 格支配になる場合があります。

163

an　（〜に接した場所，付近を表す）　　***auf***　〜の上　　　　　　***unter***　〜の下
in　〜の中　　　　　　　　　　　　　　***neben***　〜の横，隣り　　***über***　〜の上方，かなた
zwischen　（〜と…の）間　　　　　　　***hinter***　〜の後ろ　　　　***vor***　〜の前

① これらの前置詞は，何かあるものが存在する場所，あるいは何かある事が行われる場所を表す場合は 3 格支配，何かあるものの一定方向への移動を表す場合は 4 格支配になります。

a. Ich lege das Buch ***auf*** den Tisch.　私はその本を机の上に置きます。
　　　　　　　　　　　　　　男性 4 格

この文では,「本」が「机の上へ」（一定方向へ）移動することが表されていますから，この場合の auf は 4 格支配になります。

b. **Das Buch liegt *auf* dem Tisch.**　　その本は机の上にあります。
　　　　　　　　　　　男性 3 格

この文では,「本」が「机の上」に存在することが表されていますから，この場合の auf は 3 格支配になります。

② 3・4 格支配の前置詞は,wo「どこで」に対応するときは 3 格支配,wohin「どこへ」に対応するときは 4 格支配です。

Wo kreist der Hubschrauber?　　　　そのヘリコプターはどこを旋回していますか。

Der Hubschrauber kreist *über* dem Berg / der Stadt / dem Schloss.
　　　　　　　　　　　　　　　　男性 3 格　　　女性 3 格　　　中性 3 格

そのヘリコプターは山／町／宮殿の上空を旋回しています。

Wohin fliegt der Hubschrauber?　　　そのヘリコプターはどこへ飛んで行きますか。

Der Hubschrauber fliegt *über* den Berg / die Stadt / das Schloss.
　　　　　　　　　　　　　　　　男性 4 格　　　女性 4 格　　　中性 4 格

そのヘリコプターは山／町／宮殿の上空へ飛んで行きます。

③ 3・4 格支配の前置詞と定冠詞の融合形

　　an dem > *am*　　an das > *ans*　　in dem > *im*　　in das > *ins*　　auf das > *aufs*　など

Übung 6　下線部に定冠詞,あるいは前置詞と定冠詞の融合形を補いましょう。

1. ドアの前へ　vor ＿＿＿＿＿ Tür 囡 ／ ドアの前には　vor ＿＿＿＿＿ Tür
2. 窓辺（窓に接したところ）へ ＿＿＿＿＿ Fenster 匣 ／ 窓辺には ＿＿＿＿＿ Fenster
3. テーブルの下へ　unter ＿＿＿＿＿ Tisch 男 ／ テーブルの下には　unter ＿＿＿＿＿ Tisch
4. ソファーの上へ ＿＿＿＿＿ Sofa 匣 ／ ソファーの上には　auf ＿＿＿＿＿ Sofa
5. 家の後ろへ　hinter ＿＿＿＿＿ Haus 匣 ／ 家の後ろには　hinter ＿＿＿＿＿ Haus
6. レストランの（中）へ ＿＿＿＿＿ Restaurant 匣 ／ レストランでは ＿＿＿＿＿ Restaurant

Übung 7　Übung 6 と下の語句を利用し,次の文をドイツ語に改めましょう。

1. その少年はドアの前へと歩いて行きます (treten)。ドアの前には 1 人の少女が座っています。
2. その男は窓辺へと歩いて行きます。窓辺には 1 人の女が立っています。
3. その猫はテーブルの下へ歩いて行きます (laufen)。テーブルの下にはボールが 1 つあります。
4. その犬はソファーの上へ飛び上がります。ソファーの上にはすでに 1 匹の犬が寝そべっています。

5. その少年たちは家の後ろへ行きます。家の後ろには遊び場があります。

6. 彼女はレストランの中へ入ります。レストランでは彼女の母親が働いています。

7. その子供は父親と母親の間に立っています。

8. そのフロアスタンドをベッドとドアの間に置いてね。[du に対する命令]

> 動詞：sitzen, stehen, liegen, springen, gehen, arbeiten, stellen
> 名詞：Junge 男 n/ -n, Mädchen 中, Mann 男, Frau 女, Katze 女, Ball 男, Hund 男,
> 　　　Bett 中, Spielplatz 男, Mutter 女, Vater 男, Kind 中, Stehlampe 女, Tür 女
> 副詞：schon

◆◆◆ 第 2 部　前置詞と人称代名詞の融合形　場所，方向，時間を表す前置詞

❸ 前置詞と人称代名詞の融合形

Der Junge hat Computerspiele und **damit** spielt er immer.

その少年はコンピューターゲームを持っていて，そしてそれでいつもゲームをしています。

164

2-1　前置詞と人称代名詞の融合形

　物や事柄を指す人称代名詞が前置詞とともに使われるときは，人称代名詞の性，数，格（3 格，4 格）に関わりなく，人称代名詞の代わりに da が用いられ，普通〈da[r]- 前置詞〉という融合形になります。

165

Ich fahre **mit** dem Bus / **mit** der U-Bahn zur Uni.　私はバスで／地下鉄で大学へ行きます。
　　　　　　　男性 3 格　　　　女性 3 格

Er fährt auch **damit** (< mit ihm / mit ihr) zur Uni.　彼もそれで大学へ行きます。

Ich lerne jetzt fleißig für das Examen.

Sie lernt auch fleißig **dafür** (< für es).

　前置詞の頭文字が母音の場合は，間に r が挿入されます：da**r**auf, da**r**an, da**r**unter

　Da steht ein Auto. **Darin** (< in ihm) sitzt eine Frau.

　人称代名詞が「人」を受けている場合は，〈da[r]- 前置詞〉の形は使えません。

　Der Freund kommt jeden Morgen zu mir.

　Ich fahre immer **mit ihm** (damit は不可) zur Uni.

Übung 8 下の語句を利用し，日本語の文をドイツ語に改めましょう。

1. Da steht ein Fahrrad. 私はそれで学校へ行きます。

2. Auf dem Tisch liegt ein Füller. 私はそれで一通の手紙を書きます。

3. Heute kommt eine Freundin zu mir. 私は彼女と京都へ行きます。

4. An der Wand steht ein Bett. その下に1匹の犬が寝そべっています。

5. Ich mache bald eine Reise durch Italien. そのために私はお金[無冠詞]を貯めています。

> 動詞：schreiben, sparen, liegen, fahren
> 名詞：Hund 男, Brief 男, Schule 女, Geld 甲

〈wo(r)- 前置詞〉
was が前置詞とともに使われるときは，was が wo に変わり＜wo(r)- 前置詞＞という形
が用いられます*。

| für was > **wofür** | 何のために | auf was > **worauf** | 何の上に |

| mit (was) > **womit** | 何を使って | zu (was) > **wozu** | 何のために　など |

　　* was が ohne「～なしで」とともに用いられる場合は，そのまま ohne was となる。

Womit putzen Sie die Fenster?　　あなたは何を使って窓を磨くのですか。

---

❹ 時間，日，週，月，季節，年とともに使われる前置詞

166

Ich gehe **am** Montag zum Zahnarzt. 私は月曜日に歯医者へ行きます。

Er macht **im** Frühling eine Reise durch Deutschland. 彼は春にドイツ旅行をします。

2-2　時間的な事柄を表す前置詞

　時間，日，週，月，季節，年とともに使われる前置詞をまとめると以下のようになりま
す。an と in はこの場合3格支配になります（an dem > **am**, in dem > **im**）。

167

| ～時に： | **um** 8 Uhr　8時に | **gegen** 8 Uhr　8時頃に |

～日に：　　　**am** ersten / **am** zweiten / **am** dritten（→ Lektion 9　2-1）
　　　　　　　　　　1日に　　　　　2日に　　　　　3日に

～曜日に：　　**am** Montag　月曜日に / **am** Sonntag　日曜日に（→ Lektion 9　2-1）

～末に：　　　**am** Wochenende　週末に / **am** Jahresende　年末に

～後に：　　　**in** zwei Minuten　2分後に / **in** zwei Stunden　2時間後に /
　　　　　　　in einer Woche　1週間後に

～（期間）に：　**im** Januar　1月に / **im** Dezember　12月に（→ Lektion 9　2-1）
　　　　　　　in dieser Woche　今週中に / **in** der nächsten Woche　来週中に

~（季節）に： **im** Frühling / **im** Sommer / **im** Herbst / **im** Winter
　　　　　　　　 春に　　　　　 夏に　　　　　 秋に　　　　 冬に

~年に： **im** Jahr 2014 (zweitausendvierzehn)　　2014 年に

　　　　 im Jahr 1995 (neunzehnhundertfünfundneunzig)　　1995 年に

🎧 168

[Übung 9]　音声を聴き，下から適切な語を選んで下線部に入れ，訳しましょう。

1. Er jobbt ＿＿＿ Wochenende ＿＿＿ Restaurant „Sonne".

2. Sie gehen ＿＿＿ Sonntag ＿＿＿ Kirche.

3. Ich fahre ＿＿＿ Herbst ＿＿＿ dem Fahrrad ＿＿＿ Österreich oder ＿＿＿ die Schweiz*.

　　* die Schweiz スイス（→ 53 ページ囲み）

4. Das Projekt beginnt ＿＿＿ Jahr 2016.

5. Unser Geschäft öffnet ＿＿＿ 8 Uhr.

6. Die Läden schließen ＿＿＿ einer Stunde.

7. ＿＿＿ Sommer besuchen viele* Leute die Stadt ＿＿＿ Meer.　　* viele 多くの

8. Wir geben ＿＿＿ zweiten Dezember ein Konzert.

> nach, mit, zur, in, im, am, um

🗝️━🔑 ❺ 場所，方向を表す前置詞 ━━━

🎧 169

> Die Kinder spielen **im** Park.　　　　　　　　その子供たちは公園で遊んでいます。
>
> Die Mädchen spielen **auf** dem Marktplatz.　その少女たちはマルクト広場で遊んでいます。

2-3　場所，方向を表す前置詞

前置詞を場所（～で）と方向（～へ）に関してまとめると以下のようになります。

in：　建物，公園など，原則として四方を外の空間から仕切られた場所*

　　～（の中）で：in＋3 格　　　　　　～（の中）へ：in＋4 格

im Park	公園で	**in** den Park	公園へ
in der Bäckerei	パン屋で	**in** die Bäckerei	パン屋へ
im Kaufhaus	デパートで	**ins** Kaufhaus	デパートへ

auf：必ずしも外の空間から仕切られてはいない平面的な場所*

　　～で：auf＋3 格　　　　　　　　～へ：auf＋4 格

auf der Straße	通りで	**auf** die Straße	通りへ
auf dem Markt	市場で	**auf** den Markt	市場へ

公共の場所など（用事を果たすために）

auf der Bank	銀行で	*auf* die Bank	銀行へ
auf dem Rathaus	市庁舎で	*aufs* Rathaus	市庁舎へ

* 移動，到達のことが念頭に置かれているときは，公園や銀行，市場へ行く場合でも zu が用いられる：
zum Park, zur Bank, zum Markt

an： （あるところに接した）場所

～で：an＋3格　　　　　　　　　　～へ：an＋4格

am Meer	海辺で	*ans* Meer	海辺へ

zu, *bei*, *auf*： 人，催し物など

～のところで(に)，～で：bei / auf＋3格　　　～のところへ，～へ：zu＋3格

bei ihm	彼のところで	*zu* ihm	彼のところへ
beim Arzt	医者のところに	*zum* Arzt	医者のところへ
auf der Party	パーティーで	*zur* Party	パーティーへ

Übung 10　上記の前置詞句と下の語句を利用し，次の文をドイツ語に改めましょう。

1. その子供はその友人たちと公園でサッカー(無冠詞)をしています。
2. その少女たちは通りにある噴水の周りで遊んでいます。
3. 彼は市庁舎の隣りにある銀行へ行きます。
4. 彼女は一週間前から彼のところに住んでいます。

動詞：wohnen, spielen, gehen　　名詞：Woche 囡, Springbrunnen 男,
　　Mädchen 匣 -s/ - , Kind 匣 -es/ -er, Freund 男 -es/ -e, Fußball 男
前置詞：seit, neben, mit, um

〈国名の性〉
国名は多くは中性名詞で無冠詞で用いられますが，中には女性名詞，複数名詞，男性名詞
の国があり，定冠詞を付けて用いられます。

		～で（場所）	～へ（方向）
女性名詞：	die Schweiz　スイス	in der Schweiz	in die Schweiz
	die Türkei　トルコ	in der Türkei	in die Türkei
複数名詞：	die Niederlande　オランダ	in den Niederlanden	in die Niederlande
	die USA　（アメリカ）合衆国	in den USA	in die USA
男性名詞：	der Iran　イラン(無冠詞でも用いられる)	im Iran	in den Iran

Lektion ⑥

分離動詞　非分離動詞
時刻　不定代名詞

◆◆◆第1部　分離動詞と非分離動詞　時刻

🔑━━❶　分離動詞と非分離動詞

🎧 170

Wann ***stehst*** du morgen ***auf***?　　　　　　君は明日何時に起きるの。

Ich ***stehe*** morgen um fünf Uhr ***auf***.　　　ぼくは明日5時に起きるよ。

Morgen früh ***besuche*** ich mit meinem Vater den Tsukiji-Fischmarkt.

明日早朝父と築地魚市場を訪ねるんだ。

複合動詞

基礎となる動詞に前つづりが付いた動詞を**複合動詞**といいます。

🎧 171

stehen	立っている	***auf***|stehen	起きる
kommen	(英語：*come*)	***zurück***|kommen	(英語：*come back*)
suchen	探す	***be***suchen	訪れる
decken	(英語：*cover*)	***ent***decken	(英語：*discover*)

複合動詞は**分離動詞**と**非分離動詞**に分類されます。

1-1　分離動詞

複合動詞の中で，主文において定形として用いられたとき，前つづりが分離して文末に置かれる動詞を**分離動詞**といいます。**分離する前つづりには常にアクセントがあります。**辞書の見出しなどでは，分離する前つづり（**分離前つづり**）と基礎となる動詞の間に縦線 | が入っています。

例　an\|kommen　到着する

🎧 172

> 分離前つづり：***ab-　an-　auf-　aus-　bei-　ein-　mit-　teil-　vor-***
> 　　　　　　　***weg-　zu-　zurück-*** など多数

不定形句では分離動詞はそのまま句末に置かれます。文になると基礎となる動詞のみが移動して人称変化し，所定の位置に置かれます。その結果基礎となる動詞と前つづりで枠を作る形（**枠構造**）になります。枠構造は助動詞構文や副文にもみられ，ドイツ語の文の大きな特徴の1つです。

不定形句：　　　　　　morgen um fünf Uhr ***auf|stehen***

┌────── 枠構造 ──────┐

平叙文：　　　Ich *stehe* morgen um fünf Uhr *auf*.

補足疑問文：Wann **stehst** du morgen **auf**?

決定疑問文：**Stehst** du morgen um fünf Uhr **auf**?

命令文：　　　**Steh** morgen um fünf Uhr **auf**!　(du に対する命令)

Übung 1　次の語句を用いて日本語に合うように文を作りましょう（名詞，代名詞は必要に応じて適切な格に改めること）。

1. der Zug,　um sieben Uhr,　von,　der Hauptbahnhof,　ab|fahren

   (その列車は 7 時に中央駅から出発します。)

2. wann,　die Touristen,　in,　die Stadt,　an|kommen*　* in ～(3格) an|kommen ～に到着する

   (その旅行者たちはいつ町に到着しますか。)

3. ich,　noch einmal,　an|rufen

   (私にもう 1 度電話して。：du に対する命令文)

4. die Fenster,　auf|machen

   (それらの窓を開けて。：ihr に対する命令文)

5. mit,　wer,　ihr,　heute Abend,　aus|gehen

   (君たちは今晩誰と出かけるの。)

6. er,　sehr schlecht,　aus|sehen

   (彼はとても具合が悪そうに見えます。)

7. er,　du,　bestimmt,　zu,　die Party,　ein|laden*　　　* laden: du lädst, er lädt

   (彼は君をきっとパーティーに招待しますよ。)

8. du,　auch,　an,　die Reise,　teil|nehmen*　　　* an ～(3格) teil|nehmen ～に参加する

   (君もその旅行に参加しますか。)

9. das Konzert,　heute,　in,　diese Halle,　statt|finden

   (そのコンサートは今日このホールで行われます。)

10. warum,　du,　er,　der PC,　nicht,　zurück|geben

    (君はなぜ彼にそのパソコンを返さないのですか。)

1-2　**非分離動詞**

　分離しない前つづり（**非分離前つづり**）が付いている複合動詞を**非分離動詞**といいます。**非分離前つづりにはアクセントがありません。**

🎧
173

> 非分離前つづり：***be- emp- ent- er- ge- ver- zer- (miss-)***

不定形句：		morgen mit meinem Vater den Tsukiji-Fischmarkt **besuchen**
平叙文：	Ich	**besuche** morgen mit meinem Vater den Tsukiji-Fischmarkt.

不定形句：　　　　　　　　morgen mit meinem Vater den Tsukiji-Fischmarkt **besuchen**

平叙文：　　Ich **besuche** morgen mit meinem Vater den Tsukiji-Fischmarkt.

補足疑問文：Mit wem **besuchst** du morgen den Tsukiji-Fischmarkt?

決定疑問文：**Besuchst** du morgen mit deinem Vater den Tsukiji-Fischmarkt?

命令文：　　**Besucht** morgen den Tsukiji-Fischmarkt!　(ihr に対する命令)

🎧 174 Übung 2 音声を聴き，動詞を下から選んで下線部に入れ，訳しましょう。

1. Ich ＿＿＿＿＿＿＿ zum Geburtstag einen Pullover.

2. ＿＿＿＿＿＿＿ Sie bitte! Wo ist der Bahnhof?

3. In diesem Winter ＿＿＿＿＿＿＿ wir zwei Wochen in der Schweiz.

4. Oma, ＿＿＿＿＿＿＿ uns ein Märchen!　(du に対する命令)

5. Auf dem Weg zur Schule ＿＿＿＿＿＿＿ sie oft dem Studenten.

6. Das Kleid ＿＿＿＿＿＿＿ meiner Mutter nicht.

7. Welches Fahrrad ＿＿＿＿＿＿＿ Ihrem Sohn?

8. ＿＿＿＿＿＿＿ mir bitte eure Absicht genau!　(ihr に対する命令)

> gehören, gefallen, verbringen, bekommen, entschuldigen, erzählen, erklären, begegnen

Übung 3 [　] 内の動詞と下の語句を利用し，次の文をドイツ語に改めましょう。

1. 私たちは間もなくその目的地(Ziel 匣)に到達します。 [erreichen]

2. その授業は 9 時(neun Uhr)に始まります。 [an|fangen]

3. 彼は彼女に結婚(Ehe 囡：定冠詞付き)を約束します。 [versprechen]

4. 彼女は彼女のカバンをよく車の中に忘れます。 [vergessen]

5. 私は午後スーパーマーケットで買い物をします。 [ein|kaufen]

6. 私たちはハノーファーで列車 [定冠詞付き] に乗ります。 [ein|steigen]

7. 君たちはどこでおりるの？ [aus|steigen]

8. あなたはあなたの家を誰に賃貸しするのですか。 [vermieten]

9. この自転車はあなたの娘さんのものですか。 [gehören]

10. 君の意図(Absicht 囡)を私にどうか詳しく説明して。 [erklären]

> 名詞：Supermarkt 匮, Tasche 囡, Auto 匣, Unterricht 匮, Zug 匮, Nachmittag 匮, Hannover, Haus 匣, Tochter 囡, Fahrrad 匣
> 副詞：bitte, oft, bald, genau
> 前置詞，融合形：in, im (← in dem), am (← an dem), um

〈分離・非分離前つづり〉

次の前つづりは，動詞の意味によって分離する場合と分離しない場合があり，**分離・非分離前つづり**と呼ばれます。

分離・非分離前つづり：***durch- hinter- über- um- unter- voll- wider- wieder-***

これらの前つづりが付いた動詞は，その前つづりが本来の意味(主に空間的な意味)を担ったまま使われている場合は分離動詞，派生的または比喩的意味で使われる場合は非分離動詞となります*。

* um の場合は例外で，これとは逆の使われ方をする。

überlsetzen ［分離動詞］(向こう岸へ)渡す

Er ***setzt*** uns ans andere Ufer* ***über***.   * ans andere Ufer 向こう岸へ

übersetzen ［非分離動詞］翻訳する

Er ***übersetzt*** den Brief aus dem Deutschen* ins Japanische.

     * das Deutsche ドイツ語：aus dem Deutschen ドイツ語から

wiederlgeben ［分離動詞］返す，返却する

Ich ***gebe*** ihm seine 100 Euro ***wieder***.

wiederholen ［非分離動詞］繰り返す

Er ***wiederholt*** seine Frage.

🎧 175   ❷ 時刻

Wie spät ist es? / ***Wie viel Uhr*** ist es?	何時ですか。
Es ist ***halb vier***.	3 時半です。
Um wie viel Uhr / Wann fährt der Zug ab?	その列車は何時に出発しますか。
Der Zug fährt ***um fünfzehn Uhr dreißig*** ab.	その列車は 15 時 30 分に出発します。

1-3   **時刻**

時刻には公的な場(駅，放送など)での表現(24 時間制)と日常会話での習慣的な表現(12 時間制)があります。

🎧 176

	24 時間制	12 時間制
15.00 Uhr	Es ist fünfzehn Uhr.	Es ist drei (Uhr).
15.05 Uhr	Es ist fünfzehn Uhr fünf.	Es ist fünf **nach** drei.
15.15 Uhr	Es ist fünfzehn Uhr fünfzehn.	Es ist ***Viertel*** **nach** drei.
15.30 Uhr	Es ist fünfzehn Uhr dreißig.	Es ist ***halb vier***.
15.25 Uhr	Es ist fünfzehn Uhr fünfundzwanzig.	Es ist fünf ***vor halb vier***.
15.20 Uhr	Es ist fünfzehn Uhr zwanzig.	Es ist zehn ***vor halb vier***.
		Es ist zwanzig **nach** drei.
15.35 Uhr	Es ist fünfzehn Uhr fünfunddreißig.	Es ist fünf **nach** ***halb vier***.

15.40 Uhr	Es ist fünfzehn Uhr vierzig.	Es ist zehn **nach** *halb vier*.
		Es ist zwanzig **vor** vier.
15.45 Uhr	Es ist fünfzehn Uhr fünfundvierzig.	Es ist *Viertel* **vor** vier.
		Es ist *drei viertel vier*.
15.50 Uhr	Es ist fünfzehn Uhr fünfzig.	Es ist zehn **vor** vier.

Übung 4　次の時刻を 24 時間制と 12 時間制の表現で言いましょう。

1．2.15 Uhr　　2．14.30 Uhr　　3．16.35 Uhr　　4．20.50 Uhr

Übung 5　音声を聴いて時刻を書き入れ，訳しましょう。
177

1. Das Konzert beginnt heute Abend um _____.
2. Der Zug fährt um _____ vom Hauptbahnhof ab.
3. Der Zug kommt um _____ in Hamburg an.
4. Er steht morgens um _____ auf.
5. Ruf mich bitte noch einmal gegen _____ in der Nacht an!
6. Bitte besucht mich übermorgen Nachmittag gegen _____ wieder!
7. Wir erreichen das Ziel morgen Vormittag gegen _____.

第 2 部　不定代名詞

❸ 何かある事・物　（一般的に）人は
178

Hast du morgen *etwas* vor?	明日何か予定があるの。
Nein, ich habe *nichts* vor.	いいえ，何も予定はないよ。
Morgen Abend gibt *man* hier eine Tanzparty.	明晩ここでダンスパーティーが開かれるよ。

2-1　人または事・物を表す不定代名詞

不特定の人や事・物を表す代名詞を不定代名詞といい，3 人称単数として扱われます。

man	（一般的に）人は，人々は
jemand	誰かある人
niemand	誰も〜ない
jedermann	誰でも
etwas	何か（ある事，ある物）
nichts	何も〜ない

〈man と jemand の格変化〉

1格	man	jemand
2格	eines	jemand(e)s
3格	einem	jemand(em)
4格	einen	jemand(en)

① man は文頭以外では小文字で表記され，常に主語として用いられます。「人は，人々は」と訳さずに，受け身的に訳すこともできます。

man の 2，3，4 格は不定代名詞 einer（→ Lektion 6 2-2）の 2，3，4 格を代用します。

man は er で受けることはできず，man を繰り返して使います。

> In Österreich spricht **man** Deutsch.
>
> Zu viel Alkohol macht **einen** krank.
>
> Je älter **man** wird, desto geiziger wird **man**.
> 人は年をとれば取るほどますますケチになります。（→ Lektion 10 2-5）

② jemand の 3 格と 4 格の語尾（-em, -en）はよく省略されます。また辞書などでは jemand の略号として，**js. / j²**（誰かある人の 2 格），**jm. / j³**（3 格），**jn. / j⁴**（4 格）が用いられます。

③ etwas の略号として，**et.³**（何かある事，物の 3 格），**et.⁴**（4 格）が用いられます。

> **jm. et.⁴** schenken 　［誰かある人に（3 格）］［何かある物を（4 格）］プレゼントする

🎧 179 [Übung 6] 音声を聴いて下線部に不定代名詞を入れ，訳しましょう。

1. Spricht ＿＿＿＿＿＿＿ Japanisch?

2. Jetzt ruft der Chef ＿＿＿＿＿＿＿ an.

3. Morgen gibt ＿＿＿＿＿＿＿ in dieser Halle ein Konzert.

4. Heute Abend tanzt ＿＿＿＿＿＿＿ auf diesem Platz und den Tanz nennt* man „Bon-odori". 　* nennen ～（4 格）を…（4 格）と呼ぶ［nennen は 4 格目的語を 2 つとる］

5. Weißt du ＿＿＿＿＿＿＿ davon? — Nein, ich weiß ＿＿＿＿＿＿＿ davon.

🎧 180 ❹ 1人，1つ

Haben Sie einen Bruder?	あなたは兄弟がいますか。
Ja, ich habe **einen**.	はい，1 人います。
Hast du ein Auto?	君は自動車を持っているの。
Nein, ich habe **keins**.	いいえ，1 台も持っていません。

2-2 人も物も表す不定代名詞 einer「1人，1つ」

 不定代名詞 **einer** は，誰かある人あるいは物を指して「1人，1つ」と言う場合に用いられ，それが指しているものの性，および文中での働きによって変化します。指しているものが複数の場合は，**welche**「いく人か，いくつか」が用いられます。

 また否定の場合には einer の前に k を付けて **keiner**「1人も〜ない，1つも〜ない」という形になります。

〈不定代名詞 einer の格変化〉

	男	（否定）	女	（否定）	中	（否定）	複 （複数）	（否定）
1格	*einer*	/ keiner	*eine*	/ keine	*ein(e)s*	/ kein(e)s	*welche*	/ keine
2格	*eines*	/ keines	*einer*	/ keiner	*eines*	/ keines	*welcher*	/ keiner
3格	*einem*	/ keinem	*einer*	/ keiner	*einem*	/ keinem	*welchen*	/ keinen
4格	*einen*	/ keinen	*eine*	/ keine	*ein(e)s*	/ kein(e)s	*welche*	/ keine

Hast du eine Schwester? — Ja, ich habe *eine*. / Nein, ich habe *keine*.

Haben Sie Zigaretten*? — Ja, ich habe *welche*. / Nein, ich habe *keine*.

  * Zigaretten 複 < Zigarette 女 タバコ

Hamburg ist *eine* der größten* Städte in Deutschland.　　　　　　* größten 最も大きな

Liechtenstein ist *eins* der kleinsten* Länder in der Welt.　　　　　* kleinsten 最も小さな

Übung 7　下線部に einer（複数の場合は welche）または keiner を適切な形にして入れましょう。

1. Haben Sie ein Smartphone? — Ja, ich habe （1台）_____ .

2. Hast du einen Kugelschreiber*? — Nein, ich habe （1本も〜ない）_____ .

   * Kugelschreiber 男 ボールペン

3. Hat er Geschwister*? — Ja, er hat （何人か）_____ .　　　　* Geschwister 複 兄弟姉妹

4. Wie viele Freunde kommen morgen zu dir? — （1人だけ）Nur _____ .

5. Das ist （1つ）_____ der ältesten* Bibliotheken** in Japan.

   * ältesten 最も古い　** Bibliotheken 複 < Bibliothek 女 図書館

6. Er besitzt （1つ）_____ der teuersten* Edelsteine** in der Welt.

   * teuersten 最も高価な　** Edelsteine 複 < Edelstein 男 宝石

Lektion ⑦ 話法の助動詞　未来形　使役動詞　知覚動詞

▶▶▶ 第 1 部　話法の助動詞

❶ 話法の助動詞

🎧181

> Er **kann** gut Deutsch **sprechen**.　　彼は上手にドイツ語を話すことができます。
>
> Man **darf** hier nicht **rauchen**.　　　（人は）ここでたばこを吸ってはいけません。
>
> Um wie viel Uhr **müssen** Sie morgen **aufstehen**?
> あなたは明日何時に起きなければなりませんか。
>
> **Willst** du den Urlaub in der Schweiz **verbringen**?
> 君は休暇をスイスで過ごすつもりですか。

1-1　話法の助動詞の種類と現在人称変化

　話法の助動詞は動詞の意味を補足し，話し手の心情や態度を表します。ドイツ語には次の 6 つの話法の助動詞があります。

können	［能力，可能性］	**sollen**	［主語以外の意志，道徳的要求，伝聞］
müssen	［義務，必然性］	**dürfen**	［許可］
wollen	［主語の意志，主張］	**mögen**	［推量］

〈話法の助動詞の現在人称変化〉

🎧182

不定形	können	müssen	wollen	sollen	dürfen	mögen	(möchte)
ich	**kann**	**muss**	**will**	**soll**	**darf**	**mag**	**möchte**
du	**kannst**	**musst**	**willst**	**sollst**	**darfst**	**magst**	**möchtest**
er, sie, es	**kann**	**muss**	**will**	**soll**	**darf**	**mag**	**möchte**
wir	könn**en**	müss**en**	woll**en**	soll**en**	dürf**en**	mög**en**	**möchten**
ihr	könn**t**	müss**t**	woll**t**	soll**t**	dürf**t**	mög**t**	**möchtet**
sie	könn**en**	müss**en**	woll**en**	soll**en**	dürf**en**	mög**en**	**möchten**
Sie	könn**en**	müss**en**	woll**en**	soll**en**	dürf**en**	mög**en**	**möchten**

▷ 話法の助動詞の多くは主語が単数のときに語幹の母音が変化します。

▷ 主語が 1 人称単数(ich)，3 人称単数(er, sie, es)のときに語尾が付きません。

▷ möchte は mögen の接続法第Ⅱ式の形で（→ Lektion 15），英語の *would like to* に相当します。

1-2 話法の助動詞を用いた文の作り方

① 不定形句では助動詞が句末に置かれます。平叙文では助動詞が人称変化して定形となり，2番目に移動します。その結果動詞の不定形は文末に残され，助動詞と動詞で枠を作る形(**枠構造**)になります。

不定形句：　　　　　　gut Deutsch **sprechen *können***

平叙文：　　Er ***kann*** gut Deutsch **sprechen**.
　　　　　　　定形(第2位)　　　　　　不定形(文末)
　　　　　　　└─────枠構造─────┘

② 否定文では nicht の位置に注意しましょう。先ず不定形句を作り，否定したい文成分の前に nicht を置きます。

a. 部分否定

不定形句：　　　　　***nicht*** gut Deutsch sprechen können
　　　　　　ここでは nicht はあとの文成分 gut のみを否定しています。

否定文：　　Er kann ***nicht*** gut Deutsch sprechen.
　　　　　　　彼はドイツ語を上手くは話せません。

b. 全文否定

不定形句：　　　　　hier ***nicht*** rauchen dürfen
　　　　　　ここでは nicht はあとの文成分 rauchen dürfen を否定しています。

否定文：　　Man darf hier ***nicht*** rauchen.
　　　　　　　(人は)ここでタバコを吸ってはいけません。

助動詞を用いた不定形句 hier rauchen dürfen「ここでタバコを吸ってよい」の場合，句末の rauchen dürfen は1つの文成分とみなされ，rauchen と dürfen の間に他の語を置くことはできません。「ここでタバコを吸ってはいけない」という場合には，rauchen dürfen の前に nicht が置かれます。ですから，助動詞が定形となっている文で，nicht が文末に置かれることはありません。

(不可)　　　Man darf hier rauchen ***nicht***.

③ 補足疑問文では話法の助動詞(定形)は疑問詞の次に置かれます。

不定形句：　　　　　　　morgen **aufstehen *müssen***

疑問文：　　Wann ***müssen*** Sie morgen **aufstehen**?

④ 決定疑問文では話法の助動詞(定形)は文頭に置かれます。

不定形句：　　　　　den Urlaub in der Schweiz **verbringen *wollen***

疑問文：　　***Willst*** du den Urlaub in der Schweiz **verbringen**?

1-3　話法の助動詞の用法

① können　能力，依頼，可能性

Er **kann** fließend* Deutsch **sprechen**.　　（能力）〜できる　　　　* fließend 流暢に

Kannst du mich morgen wieder **anrufen**?　（能力から転じた依頼）〜してくれますか

Er **kann** krank **sein**.　　　　　　　　　（可能性）〜でありえる，〜かもしれない

② müssen　必要性，必然性，強制

Morgen **muss** ich um sechs Uhr **aufstehen**.　（必要性）〜しなければならない

Du **musst** mir den PC nicht **zurückgeben**.　（否定文で不必要）〜する必要がない

Das **muss** ein Irrtum* **sein**.　　　　　　（必然的推定）〜にちがいない

　　　* Irrtum 囲 間違い，誤り

③ wollen　文中の主語の意志・意思，主張

Wem **willst** du das Zimmer **vermieten**?　（意思・欲求）〜するつもりだ，〜したい

Er **will** Musiker **sein**.　　　　　　　　（主張）自分は〜であると主張している

④ sollen　文中の主語以外の人（もの）の意志・主張，道徳的要求，伝聞

Du **sollst** das **machen**.　　　　　　　（話し手の意志または道徳的要求）〜すべきだ

Du **sollst** mich heute **besuchen**.　　　（話し手の意志）〜しなさい

Ich **soll** dir diese CD **bringen**.　　　（第三者の意志）〜するよう言われている

Soll ich das Fenster **aufmachen**?　　（相手の意志の確認）〜しましょうか

Du **sollst** Vater und Mutter **ehren***.　（道徳的要求）当然〜するものだ

Der Mann **soll** sehr reich **sein**.　　　（伝聞）〜そうだ，〜といううわさだ

　　　* ehren 敬う

⑤ dürfen　許可，否定文で禁止

Man **darf** hier **parken**.　　　　　　　（許可）〜してよい

Man **darf** hier nicht **rauchen**.　　　　（禁止）〜してはいけない

Schüler **dürfen** keinen Alkohol **trinken**.　（禁止）〜してはいけない

⑥ mögen　推量，好み　/ möchte　願望

Sie **mag** etwa 20 Jahre alt **sein**.　　　（推量）〜かもしれない，〜だろう

Ich **mag** kein Bier.　　　　　　　　　（本動詞としての用法：好み）〜がすきだ

Ich **möchte** an der Reise **teilnehmen**.　（möchte の形で願望）〜したい

［　］内の助動詞を用いて文を書き改め，訳しましょう。

1. Man geht hier nicht spazieren.　[dürfen]

2. Es ist wahr.　[mögen]

3. Ein Verkehrsunfall* passiert jeden Moment.　[können]　　* Verkehrsunfall 男 交通事故

4. Ich gebe ihm das Buch zurück.　[müssen]

5. Warum nimmst du an der Reise teil*?　[wollen]　　* an et³ teilnehmen ～（3格）に参加する

6. Stelle ich das Auto in die Garage?　[sollen]

7. Die Schüler packen ihre Koffer sofort.　[sollen]

183

Übung 2　音声を聴き，主語と話法の助動詞を入れましょう。

1. ＿＿＿＿＿ ＿＿＿＿＿ deine Hausaufgaben jetzt nicht machen.

2. ＿＿＿＿＿ ＿＿＿＿＿ dir helfen.

3. ＿＿＿＿＿ ＿＿＿＿＿ sehr reich sein.

4. ＿＿＿＿＿ ＿＿＿＿＿ Alkohol trinken?

5. ＿＿＿＿＿ ＿＿＿＿＿ lieber* klassische Musik hören?

　　　* lieber (gern の比較級) むしろ～したい

6. Was ＿＿＿＿＿ ＿＿＿＿＿ von mir leihen?

7. ＿＿＿＿＿ ＿＿＿＿＿ hier auf* unseren Lehrer warten.　* auf jn./et.⁴ warten ～を待つ

8. ＿＿＿＿＿ ＿＿＿＿＿ mich heute Abend wieder anrufen?

9. ＿＿＿＿＿ ＿＿＿＿＿ nicht Auto fahren*?　　* Auto fahren（熟語）車の運転をする

10. Wo ＿＿＿＿＿ ＿＿＿＿＿ zu Mittag essen*?　　* zu Mittag essen 昼食を取る

Übung 3　Übung 2 の語句を利用し，次の文をドイツ語に改めましょう。

1. 私は今から*私の宿題をするつもりです。　　　　　　　　　　　　　* 今から：jetzt

2. あなた（敬称）をお手伝いしましょうか。

3. 彼らは大変なお金持ちかもしれません。

4. 君はお酒を飲んではいけません。

5. 私たちはむしろジャズ（Jazz）の方を聴きたいのですが。

6. 私は君から車を１台借りたいのですが。

7. 彼はここで彼の先生を待つように言われています。

8. 君は私に今晩また電話しなければなりませんよ。

9. 彼女は車の運転ができません。

10. 私たちはここで昼食を取っていいですか。

〈話法の助動詞の本動詞としての用法〉

mögen は「〜（4格）を好む」という意味で，不定形を伴わず本動詞としてよく用いられ
ますが，その他の話法の助動詞も本動詞として用いられることがあります。

Ich mag Jazz.	私はジャズが好きです。
Er muss zur Arbeit.	彼は仕事に行かなければならない。
Ich kann Deutsch.	私はドイツ語ができます。
Du sollst jetzt ins Bett.	君はもう寝なさい。
Darfst du das?	君はそれをしてもいいのかい。
Sie will ein Kind.	彼女は子供を欲しがっている。
Ich möchte noch etwas Wein.	もう少しワインをいただきたいのですが。

第2部　未来形　使役動詞　知覚動詞

❷ 未来形

184

Nächste Woche **werde** ich nach Hokkaido **reisen**.	来週，北海道に旅行するつもりです。
Du **wirst** jetzt ins Bett **gehen**.	さあ，もう寝なさい。
Das Wetter **wird** morgen schön **werden**.	天気は明日はよくなるでしょう。

2-1　未来形の作り方

　未来形は未来の助動詞 werden が定形として用いられ，不定形が文末に置かれます。
　werden は Lektion 2 ですでに学習したように，動詞としては「〜になる」という意味
です。werden が使われているときは，動詞なのか助動詞なのかを常に注意する必要があ
ります。文末に不定形があれば未来の助動詞ということになります。

未来形

werden の現在人称変化

ich	werde	
du	**wirst**	
er, sie, es	**wird**	… 文末 不定形
wir	werden	
ihr	werdet	
sie	werden	
Sie	werden	

未来の助動詞 werden の使い方は話法の助動詞の場合と同様です。

現在形の文のもとになる不定形句：einmal ein Konzert **geben**

未来形の文のもとになる不定形句：einmal ein Konzert **geben** *werden*

未来形の平叙文：　　Ich *werde* einmal ein Konzert **geben.**
　　　　　　　　　　　　定形（第2位）　　　　　　　　　　不定形（文末）

└─────── 枠構造 ───────┘

2-2　未来形の用法

　未来形は現在および未来の事柄についての推量を表しますが，主語の人称に応じて次のような意味でよく用いられます。

　　主語が1人称のとき：意図

　　Nächstes Jahr* *werde* ich nach Aachen **fahren.**　　　　　　　　* nächstes Jahr 来年

　　主語が2人称のとき：命令

　　Du *wirst* sofort deine Hausaufgaben **machen.**

　　主語が3人称のとき：現在および未来の事柄についての推量

　　Mein Großvater *wird* jetzt wohl im Garten **sein.**

　　Frau Schlegel *wird* nächstes Jahr nach Japan **kommen.**

　ドイツ語では単純な未来を表すときは現在形を用いるのが一般的です。

　　Morgen *gehe* ich mit ihm ins Konzert.

🎧
185　Übung 4　音声を聴き，主語と未来の助動詞を入れ，訳しましょう。

1. Während der Sommerferien ＿＿＿＿＿＿＿＿＿＿＿＿ dir mein Zimmer überlassen*.
   　　* überlassen ゆだねる，貸す，引き渡す

2. ＿＿＿＿＿＿＿＿＿＿＿＿ wohl schon im Büro sein.

3. ＿＿＿＿＿＿＿＿ den Koffer sofort packen, mein Sohn!

4. ＿＿＿＿＿＿＿＿ hier auf* unsere Kollegen warten.　　* auf jn./et.⁴ warten ～を待つ

5. ＿＿＿＿＿＿＿＿ dieses Jahr nicht nach Aachen fahren.

66　◇◇ Lektion 7

🎧
186

> Ich *lasse* meine Kinder dem Großvater bei der Gartenarbeit **helfen**.
>
> 私は私の子供たちに祖父の庭仕事を手伝わせます。
>
> Ich *höre* die Kinder ein Lied von Robert Schumann schön **singen**.
>
> 私は子供たちがロベルト・シューマンの歌を美しく歌うのを聴きます。

　使役動詞 lassen と知覚動詞 sehen, hören, fühlen は話法の助動詞に準じた使い方をします。

2-3　使役動詞　lassen

① lassen は 4 格目的語と不定形句をとると「〜 (4格) に…させる」という使役の意味になります。

不定形句：　meine Kinder dem Großvater bei der Gartenarbeit **helfen** *lassen*.
　　　　　　4格目的語　　　　(4格目的語が意味上の主語になる)不定形句

平叙文：　Ich *lasse* meine Kinder dem Großvater bei der Gartenarbeit **helfen**.

② 不定形句の動詞が他動詞の場合，lassen の目的語は示されないこともあります。

不定形句：　　　sein Auto **reparieren** *lassen*
　　　　　　　不定形句(意味上の主語になる 4 格目的語がない)

平叙文：　Er *lässt* sein Auto **reparieren**.　彼は彼の車を修理させる。

> **Übung 5**　日本語訳に合うように，与えられた語句を必要に応じて変化させて下線部を補いましょう。

1. Der Lehrer ＿＿＿＿ die Schüler für diese Aufgabe ＿＿＿＿ ＿＿＿＿ .

   [der Computer,　verwenden,　lassen]

   (教師は生徒たちにこの課題のためにコンピューターを使用させます。)

2. Vor der Prüfung ＿＿＿＿ ich immer ＿＿＿＿ .

   [mein Heft,　kopieren,　lassen]

   (試験の前私はいつも私のノートをコピーさせます。)

3. Die Eltern ＿＿＿＿ .

   [ihr Sohn,　am Sprachkurs,　teilnehmen*,　lassen]　　　* an et.³ teilnehmen 〜に参加する

   (両親は彼らの息子を語学講習に参加させます。)

2-4 知覚動詞　sehen　hören　fühlen

sehen, hören, fühlen も lassen と同じように4格目的語と不定形句をとることがあります。その場合「～（4格）が…するのを見る，聞く，感じる」という意味になります。

不定形句：　<u>die Kinder</u> <u>ein Lied von Robert Schumann schön **singen** **hören**</u>
　　　　　4格目的語　　（4格目的語が意味上の主語になる）不定形句

平叙文：　Ich **höre** die Kinder ein Lied von Robert Schumann schön **singen**.

Übung 6　例にならい知覚動詞を用いた文を作り，訳しましょう。

例：　Ich sehe ... Mein Sohn spielt Fußball.

→ **Ich sehe meinen Sohn Fußball spielen.**

1. Er sieht ... Die Touristen aus China steigen in den Bus ein.
2. Er fühlt ... Sein Herz schlägt stark.
3. Siehst du ... ? Der Junge joggt im Park.
4. Wir hören ... Der Knabenchor* singt Lieder** von Franz Schubert schön.

* Knabenchor 男 少年合唱団　** Lieder 複 < Lied 田 歌

Rothenburg

68　　Lektion 7

第1部　再帰代名詞　再帰動詞

❶ 再帰代名詞

187

Er kauft mir einen Fernseher.	彼は私にテレビを買ってくれます。
Ich kaufe **mir** einen Fernseher.	私は自分用にテレビを買います。
Er kauft ihm einen Fernseher.	彼は（別の）彼にテレビを買ってあげます。
Er kauft **sich** einen Fernseher.	彼は自分用にテレビを買います。

1-1　再帰代名詞

① 文中で主語と同一のものを指す3格と4格の代名詞を**再帰代名詞**といいます。

〈再帰代名詞〉

	1人称	2人称（親称）	3人称 男	3人称 女	3人称 中	2人称（敬称）
3格	*mir*	*dir*	*sich*	*sich*	*sich*	*sich*
4格	*mich*	*dich*	*sich*	*sich*	*sich*	*sich*
3格	*uns*	*euch*	*sich*			*sich*
4格	*uns*	*euch*	*sich*			*sich*

▷ 1人称と親称2人称の再帰代名詞は**人称代名詞と同形**です。

▷ 3人称および敬称2人称 Sie「あなたは，あなた方は」の再帰代名詞は，3格，4格ともに **sich** という形になります。

② 再帰代名詞は，主語の行為が自分自身に向けられる場合は動詞の目的語として用いられますが，前置詞とともに用いられる場合もあります。selbst を付けると「自分自身」ということが強調されます。

Ich kaufe **mir** einen Fernseher.　Er liebt **sich** sehr.　Arbeitest du für **dich selbst**?
　　　　　「自分(私)自身に」　　　　　　　　「自分(彼)自身を」　　　　　　　「自分(君)自身のために」

③ 自分自身の身体部分を表す場合は3格の再帰代名詞を用います。4格の再帰代名詞を用いると身体全体を表します。

Ich wasche **mir** die Hände.　　私は（自分の）手を洗います。
Ich wasche **mich**.　　　　　　　私は身体を洗います。

④ 主語が複数のとき，再帰代名詞は「**互いに**」という意味になることがあります。

Klaus und Maria kennen sie.　　クラウスとマリアは彼らを知っています。
Klaus und Maria kennen ***sich***.　　クラウスとマリアは互いに知り合いです。

188

Übung_1　音声を聴き，主語と再帰代名詞を入れて文を訳しましょう。

1.　Willst ＿＿＿＿ ＿＿＿＿＿＿ diese teure* Handtasche kaufen?　　* teure 高価な
2.　Dieses Haus wollen ＿＿＿＿ ＿＿＿＿＿ nicht kaufen.
3.　＿＿＿＿＿＿ wäscht ＿＿＿＿＿ das Gesicht.
4.　Putzt ＿＿＿＿＿ ＿＿＿＿＿ jeden Morgen die Zähne?
5.　＿＿＿(彼ら)＿ denken nur an* ＿＿＿＿ selbst.　　* an ～(4格) denken ～のことを考える
6.　Erkenne ＿＿＿＿＿ selbst!　[du に対する命令]
7.　＿＿＿＿＿ muss ＿＿＿＿＿ nicht jeden Tag waschen.
8.　Kennen ＿＿＿＿＿＿ (あなた方) ＿＿＿＿＿＿ ?
9.　＿＿＿＿＿ verstehen ＿＿＿＿＿ sehr gut.

189

🔑 ❷ 再帰動詞

> Ich ***setze mich*** auf den Stuhl.　　私は椅子に座ります。
> Sie ***stellt sich*** an den Tisch.　　彼女は机の脇に立ちます。

1-2　再帰動詞

　setzen は他動詞としては「～(4格)を座らせる，据える」という意味ですが，再帰代名詞とともに使われると「座る」という意味になります。このように〈再帰代名詞＋動詞〉の形で特定の意味を表す動詞を**再帰動詞**といいます。再帰動詞の多くは4格の再帰代名詞を伴いますが，3格の再帰代名詞を伴うものもあります。また特定の前置詞を伴う再帰動詞もあります。

① 4格の再帰代名詞を伴う再帰動詞

sich⁴ erkälten	風邪を引く	sich⁴ fühlen	感じる
sich⁴ legen	横になる	sich⁴ setzen	座る
sich⁴ stellen	立つ	sich⁴ an|ziehen	衣服を着る

② 3格の再帰代名詞を伴う再帰動詞

sich³ et.⁴ an|sehen	～をじっくり見る，見物する	sich³ et.⁴ merken	～を覚えておく
sich³ et.⁴ vor|stellen	～を思い浮かべる，想像する		

③ 特定の前置詞を伴う再帰動詞

sich⁴ über jn. / et.⁴ ärgern　〜に腹を立てる　　sich⁴ an jn. / et.⁴ erinnern　〜のことを思い出す

sich⁴ auf et.⁴ freuen　〜のことを楽しみにしている　　sich⁴ über et.⁴ freuen　〜を喜ぶ，うれしく思う

sich⁴ an et.⁴ gewöhnen　〜に慣れる　　sich⁴ für jn. / et.⁴ interessieren　〜に興味がある

④ 再帰代名詞は他の名詞や副詞，前置詞句より前に置かれます。

不定形句：　　　***sich*** sehr für Musik interessieren　音楽にとても興味がある

文：Ich interessiere ***mich*** sehr für Musik.　　Wir interessieren ***uns*** sehr für Musik.

Du interessierst ***dich*** sehr für Musik.　　Ihr interessiert ***euch*** sehr für Musik.

Er interessiert ***sich*** sehr für Musik.　　Sie interessieren ***sich*** sehr für Musik.

[Übung 2]　[　] 内の再帰動詞を使い，文を完成させましょう。

1.　Ich ＿＿＿＿＿＿＿＿＿ ＿＿＿＿＿＿＿＿ oft.　[sich erkälten]

2.　Sie（彼女は）＿＿＿＿＿＿＿ ＿＿＿＿＿＿ krank.　[sich fühlen]

3.　Wir ＿＿＿＿＿＿＿＿＿＿＿ auf eine Bank im Garten.　[sich setzen]

4.　Mein Vater ＿＿＿＿＿＿＿ ＿＿＿＿＿＿ nach dem Essen aufs Sofa.　[sich legen]

5.　＿＿＿＿＿＿＿＿ ＿＿＿ warm ＿＿＿＿＿＿！[du に対する命令]　[sich anǀziehen]

[Übung 3]　例にならい，[　] 内の再帰動詞と次頁の語句を使って先ず不定形句を作り，それから文を作りましょう。

例）　彼にとても腹を立てる　[sich⁴ über jn. / et.⁴ ärgern]　sich sehr über ihn ärgern

私は彼のことでとても怒っています。　Ich ärgere mich sehr über ihn.

1.　まだよく私たちのことを思い出す　[sich⁴ an jn. / et.⁴ erinnern]

君たちはまだよく私たちのことを思い出しますか。

2.　夏休みをとても楽しみにしている　[sich⁴ auf et.⁴ freuen]

彼らは夏休みをとても楽しみにしています。

3.　この町の歴史に興味がある　[sich⁴ für et.⁴ interessieren]

私はこの町の歴史に興味があります。

4.　その映画をもう一度じっくり見る　[sich³ et.⁴ anǀsehen]

私はその映画をもう一度じっくり見ます。

5.　その場面を思い浮かべることができる　[sich³ et.⁴ vorǀstellen]

君はその場面を思い浮かべることができますか。

6.　この通りの名前を覚えておくべきだ　[sich³ et.⁴ merken]

君たちはこの通りの名前を覚えておくべきです。

助動詞：können, sollen
名詞：Szene 囡, Sommerferien 覆, Geschichte 囡, Stadt 囡, Name 男, Straße 囡, Film 男
副詞(句)：noch oft, sehr, noch einmal

第 2 部　es の用法，前置詞を用いた熟語・慣用表現

❸ 非人称の es

190

Es regnet heute heftig.　　　　　　今日は激しく雨が降っています。

Es ist mir kalt. / Mir **ist** kalt.　　　私は寒い。

Es gibt in dieser Stadt keinen Bahnhof.　この町には駅が 1 つもありません。

2-1　es の特別な用法

　時刻や自然現象，生理・心理現象を表すときに，主語として非人称(人でも物でもない)の es が用いられます。また es は非人称熟語の主語として，あるいは文頭の位置を埋める仮の主語としても用いられます。

① 時刻，自然現象

Es ist zehn Uhr dreißig.	10 時 30 分です。	**Es ist** jetzt halb elf.	今 10 時半です。
Es regnet heute.	今日は雨が降ります。	Morgen **schneit es**.	明日は雪が降ります。
Heute **ist es** warm.	今日は暖かいです。	**Es wird** morgen kalt.	明日は寒くなります。
Jetzt **ist es** schon Frühling.	今はもう春です。		

② 生理・心理現象

　生理・心理現象の場合，es 以外の文成分がよく文頭に置かれ，その場合 es は省略されます。時刻，自然現象のときの es は省略されません。

　　Es ist mir heiß. / Mir **ist** heiß.　　私は暑い。

　　Es friert mich an den Händen. / Mich **friert** an den Händen.　　私は手が凍える。

　[比較]　Heute regnet **es**.

③ 非人称の es を使った熟語・慣用表現

　　es gibt et.^{4} / jn.　　〜がある，いる

　　　In jedem Dorf **gibt es** mindestens* eine Kirche.　　　　　* mindestens 少なくとも

es geht um et.[4]　〜が問題となっている

Es geht um seine Zukunft*. * seine Zukunft 彼の将来

es handelt sich um et.[4]　〜が重要，問題，話題となっている

Dabei **handelt es sich um** unsere Ehre.

es geht jm. ...（形容詞）　〜の調子は…である

Wie **geht es** Ihnen? — Danke, **es geht** mir gut.

④ 文頭の位置を埋める仮主語：定形はあとに置かれる実際の主語の人称に従います。

Es liegen auf dem Tisch **viele Bücher**.
　仮主語　　　　　　　　　　実際の主語

191 | Übung 4 | 音声を聴き，下の動詞を定形に改めて入れ，文を訳しましょう。

1. Es ＿＿＿＿＿＿＿ in den Wolken.

2. In der Ferne ＿＿＿＿＿＿＿ es.

3. Es ＿＿＿＿＿＿＿ morgen warm werden.

4. ＿＿＿＿＿＿＿ es in diesem Fluss Fische?

5. Es ＿＿＿＿＿＿＿ um die Umweltverschmutzung*. * Umweltverschmutzung 囡 環境汚染

6. Worum* ＿＿＿＿＿＿＿ es sich bei diesem Projekt? * worum < um was

7. Es ＿＿＿＿＿＿＿ in jenem Wald böse Hexen.

> wohnen, handeln, gehen, donnern, blitzen, geben, werden

192 | ❹ 特定の前置詞を伴って用いられる動詞・形容詞，熟語

Auf wen **wartest** du?　　　　　　　君は誰を待ってるの？

Ich **warte auf** meinen Bruder.　　　ぼくの兄弟を待ってるんだよ。

Ich will mit ihm **nach Hause gehen**.　彼と一緒に帰宅するつもりなんだ。

Ich **bin auf** meinen Bruder **stolz**.　私は私の兄弟を誇りに思っています。

2-2 特定の前置詞を伴って用いられる動詞・形容詞

　warten は「〜を待つ」という意味で用いる場合には必ず前置詞 auf を伴います。

　Ich **warte auf** meinen Bruder.　私は私の兄弟を待っています。

　このようにある特定の前置詞を伴う動詞あるいは形容詞には次のようなものがあります。

[特定の前置詞を伴う動詞]

auf et.⁴ **antworten**	〜に答える
jm. **für** et.⁴ **danken**	〜に…のことで感謝する
jn. **nach** et.³ **fragen**	〜に…を尋ねる
auf jn. / et.⁴ **warten**	〜を待つ
jn. **um** et.⁴ **bitten**	〜に…を頼む
jn. / et.⁴ **für** jn. / et.⁴ / 形容詞 **halten**	〜を…とみなす，…だと思う
an et.³ **teil\nehmen**	〜に参加する，出席する

[特定の前置詞を伴う形容詞]

mit jm. / et.³ **zufrieden sein**	〜に満足している
auf et.⁴ / jn. **stolz sein**	〜を誇りに思っている

🎧
193　Übung 5　音声を聴き，上記の「特定の前置詞を伴う動詞・形容詞」と下の語を利用して，次の
　　　　　　　文をドイツ語に改めましょう。

1.　彼は彼女の質問に答えることができません。

2.　私はあなたにあなたのご親切に対して心から感謝いたします。

3.　私はあなたにあなたのお名前を伺っても（頼んでも）いいですか。

4.　どうかあそこにいる警察官に駅へ行く道を尋ねて下さい。

5.　私たちはもう長い間私たちの同僚の女性を待っています。

6.　必ずその授業に出席しなさい。［du に対する命令］

7.　君は自分の（君の）給料に満足しているの。

8.　彼は自分の（彼の）成功を誇りに思っているに違いありません。

9.　私は彼のことを賢いと思っています。

名詞：Frage 囡，　Freundlichkeit 囡，　Name 男，　Polizist 男，　Weg 男，　Bahnhof 男，
　　　Kollegin 囡，　Unterricht 男，　Gehalt 伸，　Erfolg 男
助動詞：können，　dürfen，　müssen
副詞：herzlich，　bitte，　dort，　schon，　lange，　unbedingt　　　形容詞：klug　　　前置詞：zu

---

〈覚えておきたい熟語〉

nach Hause gehen (kommen)	帰宅する／我が家へ向かう（我が家に着く）
ins Kino (Theater) gehen	映画（芝居）を見に行く
zu Mittag (Abend) essen	昼食（夕食）を食べる
zu Hause sein (bleiben)	家にいる（とどまる）
Platz nehmen	座る
Glück haben	運がよい
Pech haben	運が悪い
Verspätung haben	遅れている

形容詞の用法，格語尾　日付
形容詞の名詞化

第 1 部　形容詞の用法，格語尾

❶ 形容詞の用法

194

1. 付加語的用法
   Wir haben heute **schönes** Wetter.　　今日は素晴らしい天気です。
2. 述語的用法
   Das Wetter ist **schön**.　　　　　　　天気は素晴らしいです。
3. 副詞的用法
   Paula singt **schön**.　　　　　　　　　パウラは美しく歌います。
4. 名詞化
   Paul hat keinen Sinn für *das Schöne*.　パウルは美に対するセンスがありません。

　付加語的用法では，形容詞が名詞の前に置かれて名詞を修飾します。その場合，形容詞に変化語尾が付き，冠詞類とともに，あるいは無冠詞で名詞の性と格を示す働きをします。この変化語尾を**形容詞の格語尾**と言います。この格語尾の変化を覚えることがこの課の課題です。

　述語的用法では，形容詞は sein「～は…である」や werden「～は…になる」，bleiben「～は…のままである」とともに用いられて述語内容語となり，格語尾は付きません。

　副詞的用法では，形容詞はそのままの形で用いられ，動詞や他の形容詞，副詞を修飾します。

　名詞化では，形容詞の先頭の文字が大文字になり，格語尾が付いて形容詞が名詞として用いられます（schön「美しい」→ das Schöne「美しいもの，美」）。

1-1　付加語的用法と格語尾

　形容詞を名詞の前に置いて付加語的に用いる場合には，形容詞に格語尾を付けます。格語尾の変化には，〈形容詞＋名詞〉の前にどのような冠詞があるか，あるいは冠詞がないかによって 3 つのパターンがあります。

〈形容詞の格語尾　3 つのパターン〉

	（無冠詞）＋形容詞＋名詞				定冠詞（類）＋形容詞＋名詞				不定冠詞（類）＋形容詞＋名詞			
	男	女	中	複	男	女	中	複	男	女	中	複
1 格	-er	-e	-es	-e	**-e**	**-e**	**-e**	-en	**-er**	**-e**	**-es**	-en
2 格	**-en**	-er	**-en**	-er	-en	-en	-en	-en	-en	-en	-en	-en
3 格	-em	-er	-em	-en	-en	-en	-en	-en	-en	-en	-en	-en
4 格	-en	-e	-es	-e	-en	**-e**	**-e**	-en	-en	**-e**	**-es**	-en

① 〈形容詞＋名詞〉の前に冠詞がない場合は，形容詞の格語尾が直接名詞の性と格を示します。この場合,男性と中性の２格以外は形容詞に定冠詞類（dieser 型）の語尾（強変化）が付きます。

〈(無冠詞)＋形容詞＋名詞〉

	男 緑茶		女 冷たいミルク		中 熱い水		複 温かい飲み物	
1格	grün*er*	Tee	kalt*e*	Milch	heiß*es*	Wasser	warm*e*	Getränke
2格	grün*en*	Tees	kalt*er*	Milch	heiß*en*	Wassers	warm*er*	Getränke
3格	grün*em*	Tee	kalt*er*	Milch	heiß*em*	Wasser	warm*en*	Getränken
4格	grün*en*	Tee	kalt*e*	Milch	heiß*es*	Wasser	warm*e*	Getränke

② 〈形容詞＋名詞〉の前に定冠詞（類）がある場合は，定冠詞（類）によって名詞の性と格は示されていますから，形容詞の格語尾は弱変化(-e, -en)になります。

〈定冠詞（類）＋形容詞＋名詞〉

	男 この青い帽子		女 この緑の上着		中 この白いドレス		複 これらの赤いドレス
1格	dies*er*	blau*e* Hut	dies*e* grün*e* Jacke		dies*es*	weiß*e* Kleid	dies*e* rot*en* Kleider
2格	dies*es*	blau*en* Hut(e)s	dies*er* grün*en* Jacke		dies*es*	weiß*en* Kleid(e)s	dies*er* rot*en* Kleider
3格	dies*em*	blau*en* Hut	dies*er* grün*en* Jacke		dies*em*	weiß*en* Kleid	dies*en* rot*en* Kleidern
4格	dies*en*	blau*en* Hut	dies*e* grün*e* Jacke		dies*es*	weiß*e* Kleid	dies*e* rot*en* Kleider

③ 〈形容詞＋名詞〉の前に不定冠詞（類）がある場合は，男性１格と中性1，４格で不定冠詞（類）に格を表す語尾がありませんから，そこでは①の表の変化と同じになります。それ以外は②の表の変化と同じです。

〈不定冠詞（類）＋形容詞＋名詞〉

	男 １つの青い帽子		女 １着の緑の上着		中 １着の白いドレス		複 私の赤いドレス（複）
1格	ein	blau*er* Hut	eine grün*e* Jacke		ein	weiß*es* Kleid	meine rot*en* Kleider
2格	ein*es*	blau*en* Hut(e)s	ein*er* grün*en* Jacke		ein*es*	weiß*en* Kleid(e)s	mein*er* rot*en* Kleider
3格	ein*em*	blau*en* Hut	ein*er* grün*en* Jacke		ein*em*	weiß*en* Kleid	mein*en* rot*en* Kleidern
4格	ein*en*	blau*en* Hut	eine grün*e* Jacke		ein	weiß*es* Kleid	meine rot*en* Kleider

Übung 1　次の語（1格）の格変化を練習しましょう。

1. heiße Milch　　2. japanischer Wein　　3. warmes Wasser　　4. lange Haare [複髪]

Übung 2　Übung 1 を利用し，（　）内の語をドイツ語に改め，文を訳しましょう。

1. Ich trinke zum Frühstück immer (熱い) _____ Milch.

2. Er trinkt manchmal (日本の) _____ Wein.

3. Aus dem Felsen kommt (温かい) _____ Wasser.

4. Die Frau hat (長い) _____ Haare.

🎧 195

Übung 3　音声を聴き，下から形容詞を選んで入れ，句を訳しましょう。

1. der _____ Herr mit der _____ Krawatte*　　　　　* Krawatte 囡 ネクタイ

2. die _____ Frau mit dem _____ Rock*　　　　　* Rock 男 スカート

3. in dieser _____ Stadt

4. in diesem _____ Supermarkt

5. auf der _____ Seite dieser Nebenstraße*　　　　　* Nebenstraße 囡 裏通り

6. auf der _____ Seite der Hauptstraße*　　　　　* Hauptstraße 囡 メインストリート

7. die Mutter des _____ Jungen

8. dem _____ Mädchen

形容詞：recht,　link,　jung,　alt,　groß,　klein,　hübsch,　krank,　schwarz,　kurz

Übung 4　Übung 3 と下の語を利用し，次の文をドイツ語に改めましょう。

1. 黒いネクタイのその高齢の紳士が私の伯父です。

2. 短いスカートをはいたその若い女性があなたの(敬称)姉妹ですか。

3. この小さな街に多くの裕福な人たちが住んでいます。

4. この大きなスーパーマーケットでは新鮮な魚(単数：無冠詞)が売られています。
   (man を主語にして：人が新鮮な魚を売る)

5. そのドイツレストランはこの裏通りの右手にあります。

6. メインストリートの左手にその有名な教会が見えます。
   (man を主語にして：人はその有名な教会を見る)

7. その病気の少年の母親はよい医者を探しています。

8. 彼はその可愛らしい少女に高価な絵本を 1 冊買ってあげます。

動詞：sein,　wohnen,　verkaufen,　sehen,　suchen
名詞：Onkel 男,　Schwester 囡,　Leute 複,　Fisch 男,　Restaurant 匣,　Kirche 囡,　Arzt 男,
　　　Bilderbuch 匣
形容詞：viel,　reich,　frisch,　deutsch,　berühmt,　gut,　teuer

◆◆◆第 2 部　日付　形容詞の名詞化

❷ 日付

Der Wievielte ist heute? / *Den Wievielten* haben wir heute?　今日は何日ですか。

Heute ist *der erste Februar*. / Heute haben wir *den ersten Februar*.　今日は 2 月 1 日です。

2-1　序数　日付

　日付は序数を使って表しますから，先ず序数を覚えましょう。数字で書くときは基数の後に点 (.) を付けます。

① 1 番目から 19 番目までは「基数 -t」（例外あり），20 番目以上は「基数 -st」（例外なし）となります。

1.	**erst**	11.	elf**t**	21.	einundzwanzig**st**
2.	zwei**t**	12.	zwölf**t**	22.	zweiundzwanzig**st**
3.	**dritt**	13.	dreizehn**t**	30.	dreißig**st**
4.	vier**t**	14.	vierzehn**t**	100.	hundert**st**
5.	fünf**t**	15.	fünfzehn**t**	1000.	tausend**st**
6.	sechs**t**	16.	sechzehn**t**		
7.	**siebt**	17.	siebzehn**t**		
8.	**acht**	18.	achtzehn**t**		
9.	neun**t**	19.	neunzehn**t**		
10.	zehn**t**	20.	zwanzig**st**		

② 日付は「男性名詞の定冠詞＋序数」で表します。序数のあとに男性名詞の Tag「日」が省略されていると考えてください。序数は Tag を修飾する形容詞の付加語的用法になりますから，必ず格語尾が付きます。

　「今日は〜日です。」という表現には 2 通りの言い方があります。

Heute ist **der erst*e* April**.
　　　　　　　　1 格

Heute haben wir **den erst*en* April**.
　　　　　　　　　　4 格

4 月 1 日

1 格	der	erst*e*	April
2 格	des	erst*en*	April(s)
3 格	dem	erst*en*	April
4 格	den	erst*en*	April

78　　▶▶▶ **Lektion 9**

「今日は何日ですか」と尋ねるときは wievielt「何番目の」を用いますが，これも2通りの言い方があります。この場合 wievielt の先頭の文字 w は大文字で書きます。

Der Wievielt*e* ist heute?　　**Den Wievielt*en*** haben wir heute?
　　　1格　　　　　　　　　　　4格

「今日は 2014 年 4 月 1 日火曜日です」という場合，順序は日本語とちょうど逆になります。

　　　Heute ist Dienstag, der erste April 2014 (zweitausendvierzehn).

③　曜日，月，年号

曜日：der Montag　　　月曜日　der Dienstag　火曜日　der Mittwoch　水曜日

　　　der Donnerstag　木曜日　der Freitag　　金曜日　der Samstag　土曜日（南ドイツ）

　　　der Sonnabend　土曜日（中，北ドイツ）　　　der Sonntag　日曜日

月：　der Januar　　　1 月　der Februar　2 月　der März　　　3 月

　　　der April　　　4 月　der Mai　　　5 月　der Juni　　　6 月

　　　der Juli　　　7 月　der August　　8 月　der September　9 月

　　　der Oktober　10 月　der November 11 月　der Dezember　12 月

年号：1999 年　neunzehnhundertneunundneunzig

　　　2001 年　zweitausendeins

「～日に，～曜日に」という場合は前置詞 an と定冠詞 dem の融合形 am を使います。

　　　Ich fahre **am** zweiten März nach Osaka.

　　　Ich bin **am** fünften September 1996 in Yokohama geboren*.　　* geboren（形）生まれた

　　　Ich habe **am** achten August meinen **neunzehnten** Geburtstag*.　　* Geburtstag 男 誕生日

Übung 5　音声を聴き，下線部に日にちと年号は算用数字で，月と曜日は名称を書き入れましょう。

1.　Morgen haben wir _____ .

2.　Übermorgen ist _____ .

3.　Heute ist _____ .

4.　Wir machen am _____ einen Ausflug.

5.　Er reist am _____ nach Deutschland ab.

6.　Mein Vater ist am _____ in Sendai geboren.

7.　Meine Großmutter hat am _____ ihren sechsundsiebzigsten Geburtstag.

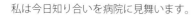

❸ 形容詞の名詞化

🎧 201

Ich besuche heute **einen Bekannten** im Krankenhaus.

　　私は今日知り合いを病院に見舞います。

In der Zeitung steht **nichts Neues**.　　新聞には新しいことは何も載っていません。

2-2　形容詞の名詞化

　付加語的用法の形容詞は，あとに置かれる名詞を省き，形容詞の先頭の文字を大文字にすると形容詞自体が名詞の意味を持ち，「人」や「物，事柄」を表します。これを**形容詞の名詞化**と言います。

① 形容詞を男性，女性，複数の形で名詞化すると，その形容詞の性質を持った「男の人」，「女の人」，[人々] を表します。

形容詞　bekannt　（個人的に）知っている

	その男性の知人		その女性の知人		その知人たち	
1格	der	Bekann*te*	die	Bekann*te*	die	Bekannt*en*
2格	des	Bekannt*en*	der	Bekannt*en*	der	Bekannt*en*
3格	dem	Bekannt*en*	der	Bekannt*en*	den	Bekannt*en*
4格	den	Bekannt*en*	die	Bekann*te*	die	Bekannt*en*

	1人の男の知人		1人の女性の知人		知人たち	
1格	ein	Bekannt*er*	eine	Bekann*te*		Bekann*te*
2格	eines	Bekannt*en*	einer	Bekannt*en*		Bekannt*er*
3格	einem	Bekannt*en*	einer	Bekannt*en*		Bekannt*en*
4格	einen	Bekannt*en*	eine	Bekann*te*		Bekann*te*

② 中性の形で名詞化すると抽象的な概念が表されます。また中性の不定冠詞が使われることはまれで，その代わり無冠詞で名詞化された形容詞の前によく etwas「何か〜なこと，もの」，nichts「〜なこと，ものは１つも…ない」が置かれます。前に alles が置かれると「すべての〜なもの，こと」という意味になり，形容詞の格語尾は弱変化(-e, -en)になります。

形容詞　*schön*　美しい

	美というもの		何か美しいもの		新しいものは1つも～ない		すべての美しいもの	
1格	das	Schön*e*	etwas	Schön*es*	nichts	Neu*es*	alles	Schön*e*
2格	des	Schön*en*		*		*	alles	Schön*en*
3格	dem	Schön*en*	etwas	Schön*em*	nichts	Neu*em*	allem	Schön*en*
4格	das	Schön*e*	etwas	Schön*es*	nichts	Neu*es*	alles	Schön*e*

＊2格は実際にはほとんど用いられない。

Übung 6 ┊ 次の語の格変化を練習しましょう。

1. der Deutsche [そのドイツ人男性]
2. ein Deutscher [1人のドイツ人男性]
3. die Deutsche [そのドイツ人女性]
4. eine Deutsche [1人のドイツ人女性]
5. die Deutschen [そのドイツ人たち]
6. die Alten [その高齢者たち]
7. Kranke [患者たち]
8. etwas Interessantes [何か興味深いもの]

Übung 7 ┊ Übung 6 と下の語を利用し，次の文をドイツ語に改めましょう。

1. 私はそのドイツ人男性に鎌倉を案内します。
2. 私は君に1人のドイツ人女性を紹介します。
3. その小さな居酒屋（Kneipe 囡）で私たちはよくそのドイツ人たちと飲みます。
4. その高齢者たちは今この新しい老人ホーム（Altersheim 甲）に住んでいます。
5. この大きな病院（Krankenhaus 甲）には何人の（wie viele）患者がいますか。
   ［sein を用いる］
6. 今日のテレビ番組（Fernsehprogramm 甲）で何か興味深いものがありますか。
   ［geben（es gibt ～〈4格〉）を用いる］

動詞：zeigen, trinken, vorlstellen, wohnen, sein, geben
形容詞, 副詞：neu, klein, groß, heutig, jetzt, oft　　前置詞：in, im, mit

Lektion ◀10▶ 比較変化　比較表現

◀◀◀ 第1部　比較変化

❶ 比較変化

202

schön	schön**er**	schön**st**	美しい	より美しい	最も美しい
interessant	interessant**er**	interessant**est**	興味深い	より興味深い	最も興味深い
alt	**äl**t**er**	**äl**t**est**	古い	より古い	最も古い
gut	**besser**	**best**	良い	より良い	最も良い

1-1　形容詞・副詞の比較級，最上級の作り方：比較変化

① 基本的には形容詞の原級（もとの形）に **-er** を付けると比較級，**-st** を付けると最上級になります。但し原級の末尾が -d，-t，-s，-ß，-sch，-z などの場合，また末尾が e 以外の母音または〈母音 +h〉の場合，最上級には発音の関係で **-est** を付けます。

原級		比較級	最上級
schön	美しい	schön**er**	schön**st**
klein	小さい	klein**er**	klein**st**
heiß	熱い，暑い	heiß**er**	heiß**est**
leicht	軽い，易しい	leicht**er**	leicht**est**
neu	新しい	neu**er**	neu**est**
früh	早い，早期の	früh**er**	früh**est**

〈e の脱落〉
比較級の形を作る場合，原級の末尾が -el のとき，発音の関係で -el の e が脱落します。また原級の末尾が -en，-er の場合も -en，-er の e が脱落することがよくあります。

原級		比較級	最上級
dunk**el**	暗い	dunkl**er**	dunkel**st**
teu**er**	高価な	teu**er**	teuer**st**

② 1音節の形容詞で母音が a, o, u の場合，比較級，最上級でウムラウトします（但し少数ですがウムラウトしないものもあります）。

原級		比較級	最上級
lang	長い	l**ä**nger	l**ä**ngst
alt	年老いた，古い	**ä**lter	**ä**ltest
jung	若い	j**ü**nger	j**ü**ngst
kurz	短い	k**ü**rzer	k**ü**rzest
klar	明白な	kl**a**rer	kl**a**rst （ウムラウトしない）

③ 形容詞の中には不規則に比較変化するものもあります。

原級		比較級	最上級	原級		比較級	最上級
groß	大きい	*größer*	*größt*	viel	多い	*mehr*	*meist*
gut	良い	*besser*	*best*	nah(e)	近い	*näher*	*nächst*
hoch	高い	*höher*	*höchst*				

④ 副詞にも規則的に比較変化するものと不規則に変化するものがあります。副詞の最上級は普通〈am 最上級 -en〉という形で用いられます。

原級		比較級	最上級
bald	まもなく，すぐに	*eher*	am *ehest*en
gern	好んで	*lieber*	am *liebst*en

🎧 203 ［Übung 1］ 音声を聴いて下から形容詞を選び，原級，比較級，最上級を書き入れましょう。

原級	比較級	最上級
1. ＿＿＿＿＿＿（安い）	＿＿＿＿＿＿	＿＿＿＿＿＿
2. ＿＿＿＿＿＿（速い）	＿＿＿＿＿＿	＿＿＿＿＿＿
3. ＿＿＿＿＿＿（親切な）	＿＿＿＿＿＿	＿＿＿＿＿＿
4. ＿＿＿＿＿＿（知られた）	＿＿＿＿＿＿	＿＿＿＿＿＿
5. ＿＿＿＿＿＿（新鮮な）	＿＿＿＿＿＿	＿＿＿＿＿＿
6. ＿＿＿＿＿＿（温かい）	＿＿＿＿＿＿	＿＿＿＿＿＿
7. ＿＿＿＿＿＿（強い）	＿＿＿＿＿＿	＿＿＿＿＿＿
8. ＿＿＿＿＿＿（冷たい）	＿＿＿＿＿＿	＿＿＿＿＿＿

stark, frisch, freundlich, billig, kalt, warm, bekannt, schnell

◆◆◆第 2 部　比較表現

② 原級による比較

🎧 204

> Das ist eine **so** lang**e** Brücke **wie** die Rainbow-Bridge. 　　[付加語的用法]
>
> これはレインボーブリッジと同じくらいの長さの橋です。
>
> Er ist **doppelt so** alt **wie** ich. 　　彼は私の 2 倍の年齢です。　　[述語的用法]

2-1　原級による比較表現

原級による比較には次のような言い方があります。

> so ＋原級＋ wie ～「～と同じくらい…」
>
> ebenso / genauso ＋原級＋ wie ～「～とちょうど(まったく)同じ…」
>
> nicht so ＋原級＋ wie ～「～ほど…でない」

「～の何倍…」というときには so の前に doppelt「2 倍」, dreimal「3 倍」, halb「半分」
などを置きます。

> In Dubai* steht ein **doppelt so** hoh*es*** Hochhaus*** **wie** der Tokio-Turm.
>
> 　* Dubai ドバイ首長国の首都　** hoch「高い」は，付加語的用法では hoh- となる。
> 　*** Hochhaus 男 高層ビル
>
> Er ist **halb so** alt **wie** ich.

⌐Übung 2⌐　次の文を日本語に訳しましょう。

1. In Sapporo ist es so kalt wie in München.

2. Der Dom ist nicht so alt wie der Kölner Dom*. 　　　　　* der Kölner Dom ケルン大聖堂

3. Die Strecke* AB ist ebenso lang wie die Strecke BC. 　　　　　* Strecke 女 線分

4. Der Ring muss doppelt so teuer sein wie mein Diamantring*.

   　* wie も含めて比べる対象(この場合は wie mein Diamantring)は文の外(この場合は sein のあと)に置
   　 かれる。この場合の wie は従属接続詞(→ Lektion 11 2-3)。

5. Das ist ein dreimal so teurer Ring wie mein Diamantring.

❸ 比較級による比較

🎧 205

Wir werden morgen *schöneres* Wetter haben **als** heute.

［付加語的用法］　明日は今日より素晴らしい天気でしょう。

Das Wetter wird morgen *schöner* **als** heute.

［述語的用法］　天気は明日は今日より素晴らしくなります。

2-2　比較級による比較表現

① 付加語的用法

形容詞が付加語的に用いられる場合は，原級のみならず，比較級，最上級にも格語尾が付きます。比較級を用いて他のものと比べるときは，**als**「〜より」を使います。形容詞を用いるときは付加語的用法の場合の格語尾に常に注意しましょう。

Wir haben heute schön*es* Wetter.　［原級］

Wir werden morgen *schöneres* Wetter haben **als** heute*.　［比較級］

* als も含めて比べる対象（この場合は als heute）は文の外（この場合は haben のあと）に置かれる。この場合の als は従属接続詞（→ Lektion 11 2-3）。

Der Brocken* ist ein hoh*er* Berg.［原級］　　　　　　　　　* der Brocken:（山名）

Der Eckbauer* ist ein *höherer* Berg **als** der Brocken.［比較級］　* der Eckbauer:（山名）

An dieser Uni studieren viel* *mehr*** ausländische Studenten **als** an unserer Uni.

［比較級］

* 比較級の前に置かれる viel は「はるかに，ずっと」という強調の意味になる。

** viel「多くの」の比較級 mehr と wenig「少ない」の比較級 weniger は，付加語的用法の場合でも例外的に格語尾が付かない。

② 述語的用法

比較級による述語的用法では格語尾は付きません。

Das Wetter wird morgen *schöner* **als** heute.

Übung 3　［　］内の形容詞を比較級にして入れましょう。（付加語的用法の場合の格語尾に注意してください。）

1.　Martin fährt einen ＿＿＿＿＿＿ Wagen als diesen*.　[klein] * diesen (= diesen Wagen)

2.　Mein älterer Bruder ist ＿＿＿＿＿ als ich.　[klein]

3.　Marie soll in einer weit* ＿＿＿＿＿ Wohnung wohnen als ich.　[groß]

　　　　* weit はるかに，ずっと

4.　Meine jüngere Schwester ist ＿＿＿＿＿ als ich.　[groß]

5.　Nara ist eine ＿＿＿＿＿ Stadt als Kioto.　[alt]

6. Dieser Dom ist viel ＿＿＿＿＿＿＿ als der Kölner Dom.　[alt]

7. In unserer Stadt gibt es kein ＿＿＿＿＿＿＿ Hotel als dieses*.　[gut]
　　　* dieses (= dieses Hotel)

8. Alex ist ＿＿＿＿＿＿＿ in Mathematik als ich.　[gut]

9. Er hat eine ＿＿＿＿＿＿＿ Stirn als ich.　[hoch]

10. Der Tokio-Skytree ist viel ＿＿＿＿＿＿＿ als der Tokio-Turm.　[hoch]

🗝️━🔑 ❹ 最上級による比較 ━━━━━━━━━━━━━

🎧
206

> Der Nil ist **der *längst*e** Fluss der Welt.　［付加語的用法］
> ナイル川は世界で最も長い川です。
>
> Der Shinano-Fluss ist **der *längst*e** in Japan.　［述語的用法］
> 信濃川は日本で最も長いです。
>
> Der Fuji ist im Winter **am *schönst*en**.　［述語的用法］
> 富士山は冬が最も美しいです。

2-3　**最上級による比較表現**

① 付加語的用法

　最上級による付加語的用法では定冠詞が用いられ，格語尾が付きますが，定冠詞の代わりに所有冠詞が用いられることもあります。

Der Nil ist **der *längst*e** Fluss der Welt.

Der Amazonas ist einer* **der *längst*en** Flüsse der Welt.　　* einer (不定代名詞［男性1格］) 1つ

Anna ist **meine *ältest*e** Tochter.

② 述語的用法

　最上級による述語的用法には2つの形があります。

a. 3つ以上の同類のものを比べて［最も〜である］という場合は〈定冠詞＋最上級 -格語尾〉という形になりますが，〈am ＋最上級 -en〉という形が用いられることもあります。

Der Shinano-Fluss ist **der *längst*e** in Japan.

Unter* allen Blumen ist die Rose **die *schönst*e**.　　　　　　* unter 〜の中で

Martin ist **der *fleißigst*e** in dieser Klasse.

Martin ist **am *fleißigst*en** in dieser Klasse.

b. 同一のものをある一定の条件下で比べる場合には〈am ＋最上級 -en〉の形が用いられます。

Der Fuji ist im Winter **am schönst**en.　　富士は冬が一番美しいです。

この文では富士山は他の山と比べられているのではなく，季節という条件下であれば「冬が一番美しい」ということですから，このような場合には必ず〈am ＋最上級 -en〉の形が用いられます。

🎧 207 [Übung 4]　音声を聴いて［　］内の形容詞を最上級の適切な形にして入れ，文を訳しましょう。

1. Deutsch ist nicht ＿＿＿＿＿ ＿＿＿＿＿ Sprache der Welt.　[schwierig]

2. Ich reise mit ＿＿＿＿＿ Sohn in die Schweiz.　[jung]

3. Hamburg ist eine* ＿＿＿＿＿ Städte in Deutschland.　[groß]
   * eine（不定代名詞［女性 1 格］)1 つ

4. In München gibt es eins* ＿＿＿＿＿ technischen Museen Europas.　[gut]
   * eins（不定代名詞［中性 4 格］)1 つ

5. Lukas* ist ＿＿＿＿＿ ＿＿＿＿＿ unter den Schülern.　[klein]　* Lukas（男名）

6. Die Universität Heidelberg ist ＿＿＿＿＿ in Deutschland.　[alt]

7. Unter diesen Büchern ist dieses Buch ＿＿＿＿＿.　[interessant]

8. Julia ist vor der Prüfung ＿＿＿＿＿.　[fleißig]

🔑 ❺ 副詞による比較

🎧 208

Philipp isst **gern** Spaghetti.　［原級］　フィリップはスパゲッティーが好きです。

Er isst **lieber** Pizza als Spaghetti.　［比較級］　彼はスパゲッティーよりピザの方が好きです。

Er isst **am liebst**en Schweinebraten.　［最上級］　彼はローストポークが一番好きです。

2-4　副詞の比較表現

　Schlüssel 5 の gern は「好んで」という意味の副詞です。形容詞が副詞的に用いられることもよくあります。副詞の原級，比較級には格語尾が付きませんが，最上級は〈am ＋最上級 -en〉の形になります。次の文では形容詞の gut「よい」が副詞として「上手に」の意味で使われています。

Ich koche **gut**. [原級]

Katharina kocht **besser** als ich. [比較級]

Laura kocht **am besten** von* uns. [最上級]

* von ～の中で

Übung 5 〔　〕内の語を指示に従って入れましょう。

1. Paul rechnet viel* _____ als ich. [schnell：比較級]　　* viel はるかに，ずっと

2. Maria wird wohl* _____ heiraten als ich. [bald：比較級]　　* wohl たぶん

3. In Japan regnet es im September _____ _____ . [viel：最上級]

4. Franziska singt _____ von uns. [schön：最上級]

5. Von allen Vögeln kann der Falke* _____ fliegen. [hoch：最上級]
   * Falke 男 鷹

6. Was für Musik hören Sie _____ _____ ? [gern：最上級]

🔑 ── 🎧 ❻ 様々な比較表現 ────

🎧 209

Es wird **immer heftiger** schneien.　　雪がますます激しく降るでしょう。

Je älter man wird, **desto weiser** wird man.
人は歳をとればとるほどますます思慮深くなります。

Kennen Sie **den älteren** Mann dort?　　あなたはそこにいる年配の男性を知っていますか。

2-5　**様々な比較表現と絶対的比較級，絶対的最上級**

① 様々な比較表現があります。

immer ＋比較級（比較級 und 比較級）「ますます～」

je ＋比較級 ～，desto (umso) ＋比較級 …「～であればあるほど，ますます…」

mehr ～ als …「…というよりむしろ～」

weniger ～ als …「…ほど～でない」

nicht weniger ～ als …「…に劣らず～（= so ＋原級＋ wie ～）」

② 絶対的比較級と絶対的最上級

a. 絶対的比較級は他と比較するのではなく，「比較的～」，「いくらか～」のように状態の程度がやや高いことを表します。この場合状態の程度は原級より下がることになります。

ein **älterer** Mann　年配の男性　　　　**längere** Zeit　いくらか長い間

（ein alter Mann　高齢の男性）　　　　（lange Zeit　長い間）

b. 絶対的最上級は他と比較するのではなく，状態の程度が極めて高いことを表します。この場合よく前置詞とともに熟語的に用いられます。

| in **größter** Eile | 大急ぎで | aufs **Herzlichste** | 本当に心から |
| in **höchstem** Grad | 最高度に | in **äußerster** Armut | 極貧の中で |

Übung 6　下の形容詞を使い，日本語訳に合うように下線部を補いましょう。

1. Die Reichen werden ＿＿＿＿＿ ＿＿＿＿＿ und die Armen ＿＿＿＿＿ .

   （金持ちはますます豊かになり，貧しい者はますます貧しくなります。）

2. Es wird ＿＿＿＿＿ und ＿＿＿＿＿ schneien.

   （雪がますます強く降るでしょう。）

3. ＿＿＿＿＿ es schneit, ＿＿＿＿＿ wird die Gefahr einer

   Schneelawine*. ＿＿＿＿＿ * Schneelawine 女 雪崩

   （雪がたくさん降れば降るほど，雪崩の危険性はますます高くなります。）

4. Herr Schmidt ist ＿＿＿＿＿ Journalist ＿＿＿＿＿ Wissenschaftler.

   （シュミット氏は科学者というよりむしろジャーナリストです。）

5. Ich bin ＿＿＿＿＿ ＿＿＿＿＿ ＿＿＿＿＿ meine ＿＿＿＿＿ Schwester.

   （私は私の姉ほど勤勉ではありません。）

6. Mein Wagen fährt ＿＿＿＿＿ ＿＿＿＿＿ ＿＿＿＿＿ dieser BMW.

   （私の車はこの BMW に劣らず速く走ります。）

7. Die ＿＿＿＿＿ Frau dankt ihm ＿＿＿＿＿ ＿＿＿＿＿ .

   （その年配の女性は本当に心から彼に感謝しています。）

8. Frau Wagner wird wohl dort ＿＿＿＿＿ ＿＿＿＿＿ Zeit verbringen.

   （ヴァグナー夫人はきっとそこで本当に素晴らしい時を過ごすでしょう。）

viel, hoch, wenig, reich, arm, stark, herzlich, schön, schnell, alt, fleißig

Lektion 11　3 基本形　過去形　接続詞

◆◆ 第 1 部　3 基本形

❶ 3 基本形

210

不定形		過去基本形	過去分詞	
wohnen	住んでいる	woh**nte**	**ge**wohn**t**	［規則動詞（弱変化動詞）］
gehen	行く	*ging*	**gegangen**	［不規則動詞（強変化動詞）］
bringen	持ってくる	*brachte*	**gebracht**	［不規則動詞（混合変化動詞）］

　動詞，助動詞の不定形，過去基本形，過去分詞を 3 基本形といいます。動詞は 3 基本形の形から規則動詞と不規則動詞に分けられます。

1-1　規則動詞（弱変化動詞）の 3 基本形

① 規則動詞は**弱変化動詞**とも呼ばれ，3 基本形を通して語幹は変化しません。過去基本形は語幹のあとに **-te** を付け，過去分詞は語幹を **ge-** と **-t** で囲む形になります。

規則動詞の 3 基本形

不定形 語幹 **-en, n**		過去基本形 語幹 **-te**	過去分詞 **ge-** 語幹 **-t**
mach**en**	する	mach**te**	**ge**mach**t**
stell**en**	（立てて）置く	stell**te**	**ge**stell**t**
wander**n**	ハイキングをする	wander**te**	**ge**wander**t**

② 語幹が -t, -d, -chn, -ffn, -gn などで終わる動詞の過去基本形と過去分詞は，発音の関係で語幹のあとに -e- を挿入します。

不定形		過去基本形	過去分詞
warten	待つ	wart**e**te	gewart**e**t
öffnen	開ける	öffn**e**te	geöffn**e**t

Übung 1 | 3 基本形の表を完成させましょう。

不定形	過去基本形	過去分詞	不定形	過去基本形	過去分詞
kaufen					gemacht
	liebte			spielte	
		gereist	handeln		
arbeiten				endete	
	rechnete				geantwortet

1-2　不規則動詞の 3 基本形

　不規則動詞は過去基本形と過去分詞で語幹が変化します。さらに語尾の付け方によって 2 つのパターン（**強変化動詞**，**混合変化動詞**）に分けられます。両者とも教科書や辞書の巻末にある「不規則動詞の変化表」に載っています。また辞書の見出し語では右肩に*印が付いています。

① 強変化動詞の過去基本形は語幹に **-te** が付かず，過去分詞は語幹を **ge-** と **-en** で囲む形になります。語幹の母音の変化にはいくつかのタイプがありますが（例：ei－ie－ie ／ e－a－e ／ e－a－o など），初めは 1 つ 1 つ覚えるほかありません。

	不定形		過去基本形	過去分詞
	— en		—	**ge — en**
ei－ie－ie：	bleiben	とどまる	*blieb*	**ge*blieben***
	schreiben	書く	*schrieb*	**ge*schrieben***
e－a－e：	essen	食べる	*aß*	**ge*gessen***
	sehen	見る	*sah*	**ge*sehen***
e－a－o：	helfen	手伝う	*half*	**ge*holfen***
	treffen	会う	*traf*	**ge*troffen***

② 混合変化動詞では語幹が不規則に変化します。過去基本形が〈語幹 **-te**〉，過去分詞が〈**ge-** 語幹 **-t**〉となるところは弱変化動詞と同じです。

不定形		過去基本形	過去分詞
— en		**— te**	**ge — t**
bringen	持ってくる	*brachte*	**ge*bracht***
denken	考える	*dachte*	**ge*dacht***
kennen	知っている	*kannte*	**ge*kannt***
können	～できる	*konnte*	**ge*konnt***

③ 次の 3 つの動詞の 3 基本形は特に重要なので，しっかり覚えるようにしましょう。

不定形	過去基本形	過去分詞
sein	**war**	**gewesen**
haben	**hatte**	**gehabt**
werden	**wurde**	**geworden**

[Übung 2] 音声を聴き，過去基本形と過去分詞を書きましょう。

	不定形	過去基本形	過去分詞		不定形	過去基本形	過去分詞
1.	steigen			2.	leihen		
3.	lesen			4.	geben		
5.	sprechen			6.	nehmen		
7.	schließen			8.	ziehen		
9.	fahren			10.	tragen		
11.	kommen			12.	stehen		
13.	nennen			14.	wissen		
15.	müssen			16.	dürfen		

1-3 分離動詞の 3 基本形

分離動詞の過去基本形は前つづりが切り離されて後ろに置かれ，過去分詞は基礎となる動詞の過去分詞の前に前つづりが隙間なく置かれます。

	不定形		過去基本形	過去分詞
規則動詞（弱変化動詞）	ab|holen	迎えに行く	holte ... **ab**	**ab**geholt
	vor|stellen	紹介する	stellte ... **vor**	**vor**gestellt
不規則動詞（強変化動詞）	an|kommen	到着する	kam ... **an**	**an**gekommen
	auf|stehen	起きる	stand ... **auf**	**auf**gestanden
不規則動詞（混合変化動詞）	mit|bringen	携えて持って来る	brachte ... **mit**	**mit**gebracht

[Übung 3] 3 基本形の表を完成させましょう。

不定形	過去基本形	過去分詞	不定形	過去基本形	過去分詞
mit|teilen					angerufen
	machte ... auf			kam ... zurück	
		zugemacht	aus|gehen		
	kaufte ... ein				vorgehabt

1-4 過去分詞に ge- のつかない動詞

非分離動詞と不定形の語末が -ieren で終わる動詞の過去分詞は語頭に ge- が付きません。

① 非分離動詞

非分離前つづりは常に基礎となる動詞の語幹の前に付けられています。**過去分詞に ge- が付きません。**

	不定形		過去基本形	過去分詞
規則動詞（弱変化動詞）	beantworten	〜に答える	**be**antwortete	**be**antwortet
	zerstören	破壊する	**zer**störte	**zer**stört
不規則動詞（強変化動詞）	bekommen	もらう	**be**kam	**be**kommen*
	verstehen	理解する	**ver**stand	**ver**standen
不規則動詞（混合変化動詞）	erkennen	認識する	**er**kannte	**er**kannt

* 不規則動詞の非分離動詞では不定形と過去分詞が同じ形になることがある。

② -ieren で終わる動詞

不定形の語末が -ieren の動詞は規則動詞ですが，**過去分詞に ge- が付きません。**

不定形		過去基本形	過去分詞
reparieren	修理する	reparier**te**	reparier**t**
studieren	大学で勉強する	studier**te**	studier**t**

Übung 4 3基本形の表を完成させましょう。

不定形	過去基本形	過去分詞	不定形	過去基本形	過去分詞
bestellen			bestehen		
	besuchte			gewann	
		verkauft			versprochen
	passierte		verbringen		

❷ 過去形

🎧
212

Der Premierminister ***nahm*** an der internationalen Konferenz nicht ***teil***.
首相はその国際会議には出席しませんでした。

Es ***lebte*** einmal ein Alter im Wald. 　　　　昔森の中に 1 人の老人が住んでいました。

2-1　過去人称変化

　動詞，助動詞の過去時制の定形（過去形）は，過去基本形をもとにし，主語の人称，数に応じた変化語尾を付けて作られます。これを過去人称変化といいます。ただし主語が 1 人称単数（ich）のときと 3 人称単数（er, sie, es）のときには人称変化語尾が付きません。

〈過去人称変化〉

🎧
213

不定形		wohnen	sein	haben	aus|steigen	bekommen	können
過去基本形		wohnte	war	hatte	stieg … aus	bekam	konnte
ich	-×	wohnte	war	hatte	stieg … aus	bekam	konnte
du	-st	wohnte*st*	war*st*	hatte*st*	stieg*st* … aus	bekam*st*	konnte*st*
er, sie, es	-×	wohnte	war	hatte	stieg … aus	bekam	konnte
wir	-(e)n	wohnte*n*	war*en*	hatte*n*	stieg*en* … aus	bekam*en*	konnte*n*
ihr	-t	wohnte*t*	war*t*	hatte*t*	stieg*t* … aus	bekam*t*	konnte*t*
sie	-(e)n	wohnte*n*	war*en*	hatte*n*	stieg*en* … aus	bekam*en*	konnte*n*

〈e の挿入〉
過去基本形が -d，-t で終わる場合は，主語が du と ihr のところで人称変化語尾の前に
-e- を挿入します。ただし主語が du のとこでは -e- を入れないこともあります。

	不定形		過去基本形	
	finden	見つける	fand	du fand(*e*)st　/　ihr fand*et*
	bitten	頼む	bat	du bat(*e*)st　/　ihr bat*et*

過去基本形が -s，-ß などで終わる場合は，主語が du のところで人称変化語尾の前に -e-
を挿入します。

	不定形		過去基本形	
	lesen	読む	las	du las*est*
	essen	食べる	aß	du aß*est*

過去形の用法

① 過去形は過去の出来事を心理的な距離を置いて表現する場合，例えば小説，物語，新聞，論説文などいわゆる「書き言葉」において主に用いられます。

日常的な過去の出来事を表現する場合には主に現在完了形が用いられます（→ Lektion 12 1-2）。

> Der Premierminister **nahm** an der internationalen Konferenz nicht **teil**.
> Es **lebte** einmal ein Alter im Wald.
> Damals **liebte** ich sie herzlich.

② sein，haben，話法の助動詞，そして受動態では日常会話においても過去形がよく用いられます。

> Er **war** krank und zwar* **hatte** er hohes Fieber.   * und zwar 詳しく言うとつまり，しかも
> Er **konnte** ohne Mühe die Prüfung bestehen.

⸨Übung 5⸩ [ ] 内の不定形を過去形に改めて入れ，文を訳しましょう。

1. Er _____ [fliegen] nach Deutschland und _____ [bleiben] dort zwei Jahre.

2. Klaus und Katrin _____ [jobben] im Restaurant und _____ [kommen] immer spät in der Nacht nach Hause.

3. Meine Freunde _____ [wollen] alle studieren, aber ich _____ [wollen] es nicht.

4. Ich _____ [haben] gestern hohes Fieber und _____ [können] deshalb leider nicht ins Theater gehen.

5. _____ [haben] du keinen Hund? — Doch, ich _____ [haben] einen Hund.

6. Wo _____ [sein] ihr denn gestern Abend? — Gestern Abend _____ [sein] wir in einem Bierlokal.

7. Seine Tochter _____ [sein] sehr gut in Mathematik und _____ [werden] später Physikerin.

8. Damals _____ [arbeiten] wir bis spät in die Nacht. Wir _____ [müssen] viel Geld verdienen.

9. Er _____ nach München _____ [um|ziehen] und _____ [mieten] in der Stadtmitte eine Wohnung.

10. Im Sommer _____ [verbringen] wir unseren Urlaub immer an einem See. Da _____ jeden Sommer ein Jazzfest _____ [statt|finden].

11. Die Touristen _____ aus dem Bus _____ [aus|steigen] und _____ [besichtigen] die Bierbrauerei*.

* Bierbrauerei 女 ビール醸造所

12. Jeden Abend _____ [erzählen] die Mutter ihren Kindern ein Märchen, dann _____ die Kinder gleich _____ [ein|schlafen].

2-3 接続詞

> Er kommt heute nicht, ***denn*** er **ist** krank. 彼は今日来ません。というのは彼は病気なんです。
>
> ***Weil*** er krank **ist**, **kommt** er heute nicht. 彼は病気なので，今日は来ません。
>
> Er ist krank, ***also kommt*** er heute nicht. 彼は病気なんです。だから今日は来ません。

ドイツ語には2種類の接続詞と接続詞的な働きをする副詞があります。それらを用いた場合，後に続く文の定形の位置に注意が必要です。

① 並列接続詞

> **und** そして / **aber** しかし / **denn** というのは / **oder** あるいは

並列接続詞は語と語，文と文を対等な関係で結び付けます。この接続詞は文成分には数えられず，後に続く文の定形の位置に影響を与えません。

Er kommt heute nicht, ***denn*** er **ist** krank.

非文成分　　定形第2位

② 従属接続詞

> **als** 〜したとき（過去の一度の出来事）/ **bevor** 〜する前に / **bis** 〜するまで / **da*** 〜だから / **dass** 〜ということ / **obwohl** 〜にもかかわらず / **ob** 〜かどうか / **nachdem** 〜したあとで / **während** 〜している間に / **weil**** 〜なので / **wenn** もし〜ならば，〜の場合には［条件］，〜するときは（いつも）［反復］

* da は周知の事柄を理由として付随的に述べるときによく使われる。
** weil は周知でない事柄を理由として述べるときに主に使われる。

▷ 従属接続詞は副文（従属文）を導く働きをします。副文では**定形が後置**され，従属接続詞と定形で枠を作ります（**枠構造**）。

▷ 副文が主文の前にくると，主文の定形は文頭に置かれます。これは副文が文全体の1番目の要素とみなされるからです。

▷ 主文と副文の間はコンマで区切ります。

96　　◇◇ Lektion 11

枠構造

Er kommt heute nicht, ***weil*** er krank **ist**.
主文　　　　　　　　　　副文（従属文）

主文の定形

Weil er krank ist, **kommt** er heute nicht.
副文（従属文）　　　　　　　主文

dass「～ということ」と ob「～かどうか」については，それぞれの従属文を受けるes が前に置かれることがよくあります。

     Es ist sicher*, ***dass*** er heute **kommt**.　　　　　　　　　* sicher 確かな

     Es ist nicht sicher, ***ob*** er heute **kommt**.

〈副文とは〉
主文の内容について理由や条件付けなどをする文，時間的な前後関係を表す文，主文の文成分を説明または修飾する文，あるいは主文の動詞の目的語の役割をする文などは**副文**と呼ばれます。副文には従属接続詞によって導かれる従属文，疑問詞によって導かれる間接疑問文，関係詞によって導かれる関係文があり，**副文内では定形が常に後置**されます。

Ich wusste nicht, ***dass*** er in dieser Stadt **wohnte**.
　　　　　　　　　　　　従属文

　　私は彼がこの町に住んでいたということを知りませんでした。

Ich weiß nicht, ***wo*** er jetzt **wohnt**.　　私は彼が今どこに住んでいるか知りません。
　　　　　　　間接疑問文

Kennen Sie den Mann, ***der**** jetzt bei mir **wohnt**?
　　　　　　　　　　　　　関係文

　　今私のところに住んでいるその男性をあなたは知っていますか。

　　* der：関係代名詞（→ Lektion 14 1-1）

③　接続的な働きをする副詞

217

> **also**, **daher**, **deshalb**, **darum**　だから，したがって，それゆえ / **dann**　それから，そのとき，そうすれば / **sonst**　さもなければ / **dennoch**, **jedoch**, **trotzdem**　しかしながら，それにもかかわらず

接続的な働きをする副詞は文成分に数えられますから，定形は原則通り第2位に置かれます。

     Er ist krank, ***also*** **kommt** er heute nicht.
　　　　　　　　　　　定形第2位

Übung 6　日本語訳に合うように，下の接続詞，接続詞的副詞と文のあとの ［　］ 内の動詞を用いて下線部を補いましょう。

1. Heute _____ Sonntag, _____ _____ alle Geschäfte zu.　[sein]

   （今日は日曜日です。それゆえすべての店は閉まっています。）

   _____ heute Sonntag _____, _____ alle Geschäfte zu.

   （今日は日曜日ですので，すべての店は閉まっています。）

   Alle Geschäfte _____ zu, _____ heute _____ Sonntag.

   （すべての店は閉まっています，というのも今日は日曜日だからです。）

2. Es _____ stark, _____ _____ sie draußen Fußball.　[regnen, spielen]

   （雨が強く降っていました。それにもかかわらず彼らは外でサッカーをしていました。）

   _____ es stark _____, _____ sie draußen Fußball.

   （雨が強く降っていたにもかかわらず，彼らは外でサッカーをしていました。）

   Es _____ stark, _____ sie _____ draußen Fußball.

   （雨が強く降っていました。しかし彼らは外でサッカーをしていました。）

   並列接続詞：denn, aber　　従属接続詞：da, obwohl　　接続詞的副詞：also, trotzdem

🎧
218

Übung 7　音声を聴き，下の接続詞，接続詞的副詞と文のあとの ［　］ 内の動詞，助動詞を用いて下線部を補い，文を訳しましょう。

1. _____ das Wetter morgen schlecht _____, _____ wir keinen Ausflug.

   [sein, machen]

2. _____ sie ausgehen _____, _____ das Telefon.　[wollen, läuten]

3. _____ mein Mann in Wien _____, _____ er oft in die Oper.

   [leben, gehen]

4. _____ du, _____ Paul schon mit seinen Hausaufgaben fertig* _____?

   [wissen, sein]
   　　　　　　　　　　　　　　　　　　　　　　　* mit et.³ fertig sein 〜を終えている

5. _____ es wahr, _____ Simon stark erkältet _____?　[sein]

6. _____ er sehr beschäftigt _____, _____ er an der Versammlung

   nicht teilnehmen.　[sein, können]

7. Lukas _____ hohes Fieber, _____ _____ er den ganzen Tag* zu

   Hause.　[haben, bleiben]　　　　　　　　　　　　　　　　* den ganzen Tag 一日中

8. _____ nicht zu viel, _____ _____ du dick!　[essen, werden]

9. _____ fleißig, _____ _____ ihr die Prüfung bestehen.

   [lernen, können]

   従属接続詞：als, ob, weil, dass, während, wenn
   接続詞的副詞：dann, deshalb, sonst

Übung 7 を利用し，次の文をドイツ語に改めましょう。

1. 天気が悪かったので，私たちはその集会に参加できませんでした。

2. 君たちは，彼がとても忙しいということを知っていますか。

3. 彼はひどい風邪を引いていたにもかかわらず，オペラを観に行きました。

4. もし君が熱があるならば，君はサッカーをしてはいけません。

5. もっと（noch）一生懸命勉強しなさい，さもないと君はその試験に合格できないよ。

〈相関的な接続詞〉
接続詞が他の接続詞や副詞と結びついて相関的に用いられる場合があります。

nicht 〜, sondern ... : 〜ではなく…　　nicht nur 〜, sondern auch ... : 〜だけではなく…も

entweder 〜 oder ... : 〜または…　　sowohl 〜 als (auch) / wie (auch) ... : 〜も…も

weder 〜 noch ... : 〜も…も‥ない　　so 〜, dass ... : とても〜なので，（その結果）…

zwar 〜, aber ... : 確かに〜ではあるが，しかし…

Er fährt *nicht* nach Italien, *sondern* nach Spanien.

Sie spielt *nicht nur* Klavier, *sondern auch* Geige.

Wir fahren diesen Sommer *entweder* an die See *oder* in die Berge.

Sie spricht *sowohl* Deutsch *als auch* Französisch gut.

Ich hatte *weder* Geld *noch* Zeit.

Das Buch war *so* interessant, *dass* es jeder lesen wollte.

Er ist *zwar* noch jung, *aber* vernünftig.

Bremen

第 1 部　完了形

① 現在完了形

> Ich **habe** gestern mit ihm Tennis **gespielt**.　　私は昨日彼とテニスをしました。
>
> Ich **bin** vorgestern mit ihr ins Konzert **gegangen**.　私は一昨日彼女とコンサートに行きました。

1-1　現在完了形の作り方

① 現在完了形の作り方　〈**haben** または **sein** の現在人称変化 + ・・・**過去分詞**〉

現在完了形は完了の助動詞 haben または sein が現在人称変化して定形となり，過去分詞が文末に置かれて枠をつくります(**枠構造**)。

		定形第 2 位	
	ich	habe　/ bin	
	du	hast　/ bist	
	er, sie, es	hat　/ ist	文末
平叙文	wir	haben / sind	・・・過去分詞
	ihr	habt　/ seid	
	sie	haben / sind	
	Sie	haben / sind	

現在形の文は不定形句をもとにして作られましたが，完了形の文は**完了不定形句**をもとにして作られます。

完了不定形句では**完了不定形**〈過去分詞 + haben または sein〉が句末に置かれます。

完了不定形

完了不定形句：　　　gestern mit ihm Tennis **gespielt haben**.

vorgestern mit ihr ins Konzert **gegangen sein**

完了不定形句末の haben または sein を主語に応じて現在人称変化させ，所定の位置に置くと現在完了形の文ができます。

枠構造

平叙文：　　Ich **habe** gestern mit ihm Tennis **gespielt**.

決定疑問文：　**Bist** du vorgestern mit ihr ins Konzert **gegangen**?

補足疑問文：　Mit wem **bist** du vorgestern ins Konzert **gegangen**?

副文の場合：　Wissen Sie, ***dass*** ich gestern mit ihm Tennis ***gespielt habe***?

② haben 支配と sein 支配

完了の助動詞として haben, sein のどちらを用いるかは過去分詞になる動詞で決まります。haben が用いられる動詞を haben 支配, sein が用いられる動詞を sein 支配の動詞といいます。

すべての他動詞（4 格目的語をとる動詞），すべての再帰動詞，そして自動詞の多くは haben 支配ですが，自動詞の中には sein 支配の動詞もあります。

sein 支配の動詞は数は比較的少数ですが，日常的によく使われる動詞が多いので注意が必要です。

③ sein 支配の動詞

　a. 場所の移動を表す自動詞

　　　gehen, kommen, fahren, aus|gehen, an|kommen, ab|fahren　など

　b. 状態の変化を表す自動詞

　　　sterben, werden, auf|stehen, ein|schlafen　など

　c. a，b 以外の自動詞は基本的に haben 支配ですが，次の動詞は例外的に sein 支配の動詞です。

　　　sein, bleiben, begegnen　など

sein 支配か haben 支配か定かでない場合は辞書で調べる必要があります。辞書では sein 支配であれば動詞のあとに必ず (s) または (sein) の表記があります。(h) または (haben) あるいは何も表記されていなければ haben 支配です。

🎧 220　[Übung 1]　音声を聴き，[　] 内の動詞を用いて現在完了形の文を完成させましょう。

1.　Wohin _____ du gestern _____? [fahren]

2.　Ich _____ den Studenten nach dem Weg zum Bahnhof _____. [fragen]

3.　_____ du schon zu Mittag _____? [essen]

4.　Marie _____ auf seine Frage nicht _____. [antworten]

5.　Ich _____ letzte Woche ins Kino _____. [gehen]

6.　Auf wen _____ du denn gestern Abend hier _____? [warten]

7.　Wie lange _____ Sie in München _____? [bleiben]

1-2　現在完了形の用法

　ドイツ語の現在完了形と過去形の使い分けは英語ほど明確ではありません。過去の出来事を現在の自分と切り離して，物語的に語るあるいは書く場合には過去形，現在の自分との関連の中で語る場合は現在完了形が多く使われる傾向があります。

① 日常会話では過去を表す副詞があっても主に現在完了形が用いられます。ただし，sein, haben, 話法の助動詞，受動態 (→ Lektion 13) は日常会話でも主に過去形が使われれます。

　　　Ich **habe** gestern Kamakura **besucht**.
　　　Er **ist** vorgestern zu mir **gekommen**.

② schon「すでに」，einmal「一度，かつて」，schon mal「すでに一度」，gerade, eben「ちょうど今」などの副詞が用いられると「経験」「結果」「完了」の意味を帯びます。

　a. 経験「～したことがある」
　　　Haben Sie **einmal** den Tokio-Skytree besucht?
　b. 結果「すでに～している」
　　　Wir sind **schon** von der Reise zurückgekommen.
　c. 完了「ちょうど～したところだ」
　　　Der Zug ist **gerade jetzt** abgefahren.
　現在に至るまでの継続「（ずっと）～している」を表す場合には現在形が用いられます。
　　　Seit zwei Jahren wohne ich in Yokohama.

Übung 2　[　] 内の語句を利用し現在完了形の文を作りましょう。

1.　その講義の間にその男子大学生は眠り込みました。
　　[während, die Vorlesung, ein|schlafen]

2.　その女子大学生はその難しい試験に合格しました。
　　[die schwierige Prüfung, bestehen]

3.　今朝君たちは何時に起床しましたか。
　　[wann, heute Morgen, auf|stehen]

4.　私はちょうど今その本を読み終えたところです。
　　[eben, das Buch, lesen]

5.　私たちは一度休暇を海辺で過ごしたことがあります。
　　[einmal, die Ferien, am Meer, verbringen]

6.　君はかつてその集会に参加したことがありますか。
　　[einmal, an der Versammlung teil|nehmen]

7. 子供たちはすでに学校から帰ってきていますか。

[schon, von der Schule, zurück|kommen]

8. 私たちの祖母はすでに亡くなっています。

[Großmutter, schon, sterben]

9. 私たちはベンチに腰を下ろしました。

[auf eine Bank, sich setzen]

10. 君たちは最近風邪を引きましたか。

[in der letzten Zeit, sich erkälten]

11. 彼が野球に興味を持っていたかどうか，私は知りません。

[wissen, ob, Baseball, sich für et.⁴ interessieren]

12. 私は，シュナイダー夫妻はその知らせをとても喜んだと思います。

[glauben, dass, Herr und Frau Schneider, die Nachricht, sehr, sich über et.⁴ freuen]

 ❷ 話法の助動詞の現在完了形

🎧
221

| Er *hat* zur Arbeit *gemusst*. | 彼は仕事へ行かなければなりませんでした。 |
| Er *hat* zur Arbeit *gehen müssen*. | 彼は仕事へ行かなければなりませんでした。 |

1-3　話法の助動詞の現在完了形

　話法の助動詞はいずれも haben 支配ですが，過去分詞には 2 つの形があります。1 つは ge- の付く過去分詞，もう 1 つは不定形と同形で ge- の付かない過去分詞と覚えましょう。

話法の助動詞の 3 基本形

不定形	過去基本形	過去分詞	不定形	過去基本形	過去分詞
können	konnte	gekonnt / können	dürfen	durfte	gedurft / dürfen
müssen	musste	gemusst / müssen	sollen	sollte	gesollt / sollen
wollen	wollte	gewollt / wollen	mögen	mochte	gemocht / mögen

　話法の助動詞が他の動詞の不定形を伴わず，本動詞として用いられる場合は ge- の付く過去分詞，不定形を伴い助動詞として用いられる場合は ge- の付かない過去分詞が使われます。

	現在形	現在完了形
（müssen：本動詞）	Er *muss* zur Arbeit.	→ Er *hat* zur Arbeit *gemusst*.
（müssen：助動詞）	Er *muss* zur Arbeit **gehen**.	→ Er *hat* zur Arbeit **gehen müssen**.

1-4 使役動詞・知覚動詞（haben 支配）の現在完了形

　lassen が他の動詞の不定形を伴い使役動詞として用いられる場合，過去分詞は不定形と同形になります。

　また，知覚動詞 sehen，hören，fühlen も他の動詞の不定形を伴う場合は，過去分詞として主に不定形と同形のものが用いられます。

222

Ich **habe** meine Kinder dem Großvater bei der Gartenarbeit **helfen lassen**.

Er **hat** die Touristen aus China in den Bus **einsteigen sehen** (gesehen).

Wir **haben** die Kinder Lieder* von Franz Schubert schön **singen hören** (gehört).

　　　* Lieder 複 < Lied 中 歌

⸢Übung 3⸥　現在完了形の文に書き改めましょう。

1. Sie können Deutsch sprechen.

2. Er kann Deutsch.

3. Darfst du das tun?

4. Dürft ihr das?

5. Er lässt vor der Abfahrt* sein Auto reparieren.　　　　　　　* Abfahrt 女 出発

6. Wir sehen unsere Tochter „Rotkäppchen*" spielen.　　　* Rotkäppchen 赤ずきんちゃん

〈副文内での定形の位置（例外）〉
副文内では定形は普通後置されますが，話法の助動詞，使役動詞，知覚動詞が完了形で用いられ，不定形と同形のものが2つ並んでいるときには，定形となる完了の助動詞はその前に置かれます。

Ich wusste nicht, **dass** er auch am Sonntag zur Arbeit **hat** gehen **müssen**.
私は，彼が日曜日も仕事へ行かなければならなかったということを知りませんでした。

Ich kann nicht verstehen, **warum** mein Vater mich nach Osaka **hat** gehen **lassen**.
私は，私の父がなぜ私を大阪へ行かせたのか理解できません。

---

❸ 過去完了と未来完了

223

Nachdem wir zu Abend **gegessen hatten**, sind wir ins Theater gegangen.
　　私たちは夕食を食べたあと，芝居を観に行きました。

Er **wird** wohl krank **gewesen sein**.　　彼はたぶん病気だったのでしょう。

1-5　完了の時制

完了には現在完了のほかに過去完了と未来完了があります。

① 過去完了形　〈**haben** または **sein** の過去人称変化＋・・・**過去分詞**〉

過去完了形は完了の助動詞を過去人称変化させ，文末に過去分詞を置いて作ります。過去完了形は，よく過去を表す文または副詞とともに用いられ，過去のある時点より前に起こった事柄を表します。

> Als er zu mir kam, *hatte* ich schon ein Taxi *bestellt*.
> 彼が私のところへ来たとき [過去]，私はすでにタクシーを呼んでいました [過去完了]。
>
> Mein Großvater *war* damals schon *gestorben.*
> 私の祖父は当時 [過去] すでになくなっていました [過去完了]。

② 未来完了　〈未来の助動詞 **werden** の現在人称変化＋・・・**完了不定形**〉

未来完了形は未来の助動詞 werden を定形とし，文末に完了不定形を置いて作ります。

a. 未来完了形は未来のある時点までの完了を表します。未来のある時点を表す語がある場合には，現在完了形で代用されることもあります。

> 未来完了の不定形句：bis nächste Woche diese Arbeit　*beendet haben*　*werden*
> 　　　　　　　　　　　　　　　　　　　　　　　　　完了不定形　　　未来の助動詞
>
> 未来完了の平叙文：Er *wird* bis nächste Woche diese Arbeit *beendet haben.*
> 　　　　　　　　　　　　彼は来週までにはこの仕事を終わらせているでしょう。
>
> （現在完了形による代用：Er *hat* bis nächste Woche diese Arbeit *beendet.*）

b. 未来完了は過去の事柄についての推量も表します。

> Er *wird* wohl krank *gewesen sein.*
> Der Abenteurer* *wird* wohl den Südpol** *erreicht haben.*
> 　* Abenteurer 男 冒険家　　** Südpol 男 南極点

┊Übung 4┊　[　] 内の動詞を使い，日本語訳に合うように下線部を埋めましょう。

1. Als ich sie ＿＿＿＿＿＿＿, ＿＿＿＿ sie schon ＿＿＿＿＿＿＿＿.

   [besuchen, aus|gehen]

   （私が彼女を訪ねたとき [過去]，彼女はすでに外出していました [過去完了]。）

2. Nachdem er gestern nach Haus ＿＿＿＿＿＿ ＿＿＿＿＿, ＿＿＿＿＿ er

   sein Zimmer ＿＿＿＿＿＿＿. [kommen, auf|räumen]

   （彼は昨日帰宅したあとで [過去完了]，自分の部屋を片付けました [現在完了]。）

3. Damals ＿＿＿＿＿ wir ihn schon ＿＿＿＿＿ ＿＿＿＿＿. [kennen lernen]

   （あのころ私たちはすでに彼と知り合っていました [過去完了]。）

4. Ich _____ bis übermorgen das Buch _____. [lesen]

（私は明後日までにその本を読み終えているでしょう［未来完了］。）

5. Damals _____ der Schauspieler wohl in diesem Hotel _____

_____. [bleiben]

（当時その俳優はたぶんこのホテルに滞在していたのでしょう［未来完了］。）

〈話法の助動詞と完了不定形〉

話法の助動詞と完了不定形を用いて，過去の事柄についての話し手の判断や評価を表すことができます。文の形は未来完了形と同様になります。

Damals **kann** der Schauspieler in diesem Hotel **geblieben sein**.

Damals **muss** der Schauspieler in diesem Hotel **geblieben sein**.

Damals **soll** der Schauspieler in diesem Hotel **geblieben sein**.

◆◆◆第 2 部　zu 不定形

❹ zu 不定形

224

Deutsch ***zu sprechen*** ist schwierig.　　　　ドイツ語を話すことは難しい。

Hast du **Lust**, im Café etwas ***zu trinken***?　君はカフェーで何か飲む気はありますか。

Sie ist in die Stadt gegangen, ***um*** den Kindern etwas Süßes ***zu kaufen***.
彼女は子供たちに何か甘いものを買ってあげるために町へ出かけました。

2-1　zu 不定形，zu 不定形句の作り方

① zu 不定形は，不定形の前に zu を置いて作ります。ただし分離動詞の場合は前つづりと基礎となる動詞の間に zu を隙間なく挟みます。

225

　　　　　　　　　　　　　非分離動詞　　　　　　　　　分離動詞

sprechen → ***zu*** sprechen　　besuchen → ***zu*** besuchen　　anlrufen → an***zu***rufen

② zu 不定形句は不定形句末の動詞，助動詞の前に zu を置いて作ります。

226

gut Deutsch ***zu* sprechen**　　　　　um sechs Uhr **auf*zu*stehen**

gut Deutsch **sprechen *zu* können**　　um sechs Uhr **aufstehen *zu* müssen**

gut Deutsch **gesprochen *zu* haben**　　um sechs Uhr **aufgestanden *zu* sein**

　　　　　　完了 zu 不定形　　　　　　　　　　　　完了 zu 不定形

① 名詞的用法：「〜すること」という意味で主語や目的語として使われます。また es, da が先行して置かれ，あとの zu 不定形(句)を指示することがあります。

a. 主語，述語内容語として：zu 不定形(句)が主語として用いられる場合，語調を整えるために zu 不定形(句)を受ける es が前に置かれることがよくあります。

Deutsch zu sprechen ist schwierig. = **_Es_** ist schwierig, **_Deutsch zu sprechen_**.
　　　　主語

Mein Traum* ist **_Musiker zu werden_**.　　　　　　　　* Traum 男 夢
　　　　　　　　　述語内容語

b. 目的語として：zu 不定形(句)を受ける es は普通省略されます。

Wir haben vor, **_am nächsten Wochenende einen Ausflug zu machen_**.

c. zu 不定形(句)が前置詞の目的語となる場合は，人称代名詞と前置詞の融合形〈da(r)-前置詞〉が先行して置かれ，da が後述の不定形(句)を受ける形になります。この〈da(r)-前置詞〉は，意味が明瞭なときには省略される傾向にあります。

Ich freue mich (**_da_**_rüber_), _Sie gesehen zu haben_.
Ich freue mich (**_da_**_rauf_), _Sie bald wiederzusehen_.
Ich bitte ihn (**_da_**_rum_), _mir beim Deutschlernen zu helfen_.

〈zu のない不定形〉
不定形は zu を伴わずにそのままの形で名詞的に用いることができます。不定形が単独で名詞的に用いられる場合は頭文字を大文字にすることもあり，中性名詞として扱われます。

Mein Hobby ist Tennis **spielen** / Auto **fahren**.
Sein Hobby ist **Schwimmen / Tanzen**.
Das Rauchen ist nicht gesund.

---

② 付加語的用法：zu 不定形(句)が名詞のあとに置かれ，後ろから名詞を修飾します。

Hast du **Lust***, _im Café etwas zu trinken_?　　　　* Lust 女 (何かをしようとする)気持ち
Haben Sie **Zeit**, _ins Kino zu gehen_?

🎧 227　[**Übung 5**]　音声を聴き，[ ] 内の動詞を用いて日本語訳に合うように下線部を埋めましょう。

1. ＿＿＿＿＿＿＿＿＿ gesund, im Wald ＿＿＿＿＿＿＿＿＿＿＿＿＿＿＿ .

　（森の中を散歩することは健康的です。）　[spazieren gehen]

2. _____ _____ schwierig, _____ _____ _____ _____ ?

(その本を理解することは難しいですか。) [verstehen]

3. Sie _____ mir _____ , mich noch einmal _____ .

(彼女はもう一度私に電話することを私に約束しました。) [an|rufen] [versprechen]

4. _____ _____ Lust, mit _____ Hokkaido _____ ?

(君は私たちと北海道へ旅行する気がありますか。) [reisen]

5. Ich _____ _____ Zeit, _____ über die Politik

_____ .

(私には君たちと政治について議論する(ための)時間はありません。) [diskutieren]

6. Er _____ _____ zufrieden, die Prüfung _____

_____ .

(彼はその試験に合格したことに満足していました。) [bestehen]

③ zu 不定形の特殊な使い方

a. zu 不定形(句)が特定の前置詞とともに用いられると次のような意味になります。

um + **zu** 不定形(句) 「～するために」

ohne + **zu** 不定形(句) 「～することなしに」

statt + **zu** 不定形(句) 「～する代わりに，～せずに」

Sie ist in die Stadt gegangen, **um** den Kindern etwas Süßes **zu kaufen**.

Ohne zu zögern*, hat er mir sofort geholfen.　　　　　　　　　　* zögern 躊躇する

Heute Nachmittag ist er durch die Stadt gebummelt*, **statt** am Seminar

teilzunehmen.　　　　　　　　　　　　　　　　　　　　　* bummeln ぶらつく

b. zu 不定形(句)が特定の動詞とともに用いられると次のような意味になります。

haben + **zu** 不定形(句) 「～しなければならない」

sein + **zu** 不定形(句) 「～されうる(受動で可能)」

「～されなければならない(受動で義務)」

brauchen + (否定語) + **zu** 不定形(句) 「～する必要がある(ない)」

brauchen + **nur** + **zu** 不定形(句) 「～するだけでいい」

Er **hat** morgen früh **aufzustehen**. = Er muss morgen früh aufstehen.

Diese Probleme **sind** nicht leicht **zu lösen***.　　　　　　　　　　* lösen 解決する

Du **brauchst** es ihm **nicht mitzuteilen**.

Du **brauchst** es ihm **nur mitzuteilen**.

［　］内の語句を利用し，次の文をドイツ語に改めましょう。

1. 私たちはドイツの大学で勉強するためにドイツ語を学んでいます。

   [Deutsch, lernen, in Deutschland, studieren, um, zu]

2. 彼女は一言も言うことなしに部屋から出て行きました。［現在完了形］

   [aus dem Zimmer, gehen, ein Wort, sagen, ohne, zu]

3. その学生たちは講義に出ずに（出る代わりに），学生食堂でおしゃべりをしていました。
   ［現在完了形］

   [in der Mensa, quatschen, die Vorlesung, besuchen, statt, zu]

4. 彼女は子供たちを遊び場から連れてこなければなりませんでした。［過去形］

   [vom Spielplatz, ab|holen, haben, zu]

5. そのレポートはできる限り早く書かれなければなりません。

   [das Referat, so bald wie möglich, schreiben, sein, zu]

6. そのドアは容易には開けられませんでした。［過去形］

   [die Tür, nicht, leicht, auf|machen, sein, zu]

7. 君は明日来る必要はありません。

   [morgen, kommen, brauchen, nicht, zu]

8. 君たちは一度大阪で乗り換えるだけでいいですよ。

   [einmal, um|steigen, brauchen, nur, zu]

Mittenwald

◆◆◆ 第 1 部　受動態

❶ 動作受動

> Der Schüler **wird** vom Lehrer oft **gelobt**.　その男子生徒は先生からよくほめられます。
>
> Die Geschäfte **werden** um 20 Uhr **geschlossen**.　それらの店は 20 時に閉められます。

　受動態は「何が行われるのか」という**行為自体を重要視**した表現です。受動態には行為のプロセスを表す**動作受動**「〜される」と行為の結果を表す**状態受動**「〜されている」があります。

1-1 　動作受動「〜される」

① 動作受動の作り方：〈受動の助動詞 **werden** ＋・・・過去分詞〉

　動作受動は受動の助動詞 werden が定形となり，動詞の過去分詞が文末に置かれて werden と過去分詞で枠を作る形(**枠構造**)になります。受動文が副文となるときは定形は文末に置かれます。

枠構造

Der Schüler　**wird**　vom Lehrer oft　**gelobt**.
　　　　受動の助動詞(定形)　　　　　過去分詞

Weißt du,　**dass**　der Schüler vom Lehrer oft　**gelobt**　**wird**?
　　　　従属接続詞　　　　　　　　　　　　　過去分詞　受動の助動詞(定形)
　主文　　　　　　　　　　副文(従属文)

② 能動文と受動文の関係

　a. 能動文の 4 格目的語が受動文の主語(1 格)になります。3 格目的語を受動文の主語にした文は作れません。3 格目的語は他の副詞や前置詞句とともにそのままの形で残されます。

　　能動文の主語は，受動文では，意識を持った動作主(おもに人)の場合は〈von ＋ 3格〉「〜によって」で表されます。

能動文：Der Sohn　schenkt　dem Vater　morgen　zum Geburtstag　**den Hut**.
　　主語(動作主：1 格)　　　3 格目的語　　副詞　　　前置詞句　　　　　4 格目的語

受動文：**Der Hut wird** dem Vater　morgen　**von dem Sohn** zum Geburtstag
　　主語(1 格)　　　3 格目的語　　副詞　　　動作主：3 格　　　前置詞句

geschenkt.

b. 能動文の主語が原因や手段の場合は〈durch + 4 格〉「〜によって」で表されます*。

　　　* 道具や手段の場合には〈mit + 3 格〉が使われることもある。

　　　能動文：Der Taifun　zerstört　die Brücke.　台風がその橋を破壊する。
　　　　　　　　主語(原因：1 格)　　　　　　4 格目的語

　　　受動文：Die Brücke　*wird*　**durch den Taifun**　*zerstört*.
　　　　　　　　主語(1 格)　　　　　　原因：durch + 4 格

c. 能動文の主語が man「(一般的に)人は」の場合，受動文でこの man は現れません。

　　　能動文：**Man** spricht in Österreich　Deutsch.
　　　　　　　　主語(1 格)　　　　　　　　　　4 格目的語

　　　受動文：In Österreich　*wird*　Deutsch　*gesprochen*.
　　　　　　　　　　　　　　　　主語(1 格)

Übung_1　次の文を受動文に改めましょう。

1.　Meine Frau packt immer den Koffer.

2.　Er hängt das Bild an die Wand.

3.　Die Ärzte operieren den Verletzten*.　　　　　　* den Verletzten (形容詞の名詞化)男性の負傷者

4.　Ein Freund lädt mich zur Party ein.

5.　Die Windhose* zerstört viele Häuser.　　　　　　　　　　* die Windhose 囡 竜巻

6.　Liest man auch in Deutschland gern japanische Comics?

7.　Jeden Tag besuchen viele Leute den Tokio-Skytree.

② 受動態の時制
　a. 受動態の過去形は，受動の助動詞 werden を過去人称変化させて作ります。

　　　　〈**werden** の過去人称変化＋・・・**過去分詞**〉

　b. 受動態の未来形は，未来の助動詞 werden が定形となり，受動の助動詞の不定形
　　　(werden)が文末に置かれます。〈過去分詞 + werden〉の形は受動不定形と呼ばれ
　　　ます。

　　　　〈**werden** の現在人称変化＋・・・**過去分詞＋ werden**〉
　　　　　　　　　　　　　　　　　　　　　　受動不定形

　c. 受動態の完了形は，完了の助動詞として sein が用いられ，受動の助動詞 werden
　　　の過去分詞(geworden ではなく ***worden***)が文末に置かれます。

　　　　〈**sein** の人称変化＋・・・**過去分詞＋ worden**〉

d. 受動態の時制をまとめると次のようになります。

229

[現　在]　Die Villa **_wird_** billig **_verkauft_**.

[過　去]　Die Villa **_wurde_** billig **_verkauft_**.
受動の助動詞 werden の過去形

[未　来]　Die Villa **_wird_** billig **_verkauft werden_**.
未来の助動詞 werden　　　受動不定形

[現在完了]　Die Villa **_ist_** billig **_verkauft worden_**.
完了の助動詞 sein の現在形　　受動の助動詞の過去分詞

[過去完了]　Die Villa **_war_** billig **_verkauft worden_**.
完了の助動詞 sein の過去形

[未来完了]　Die Villa **_wird_** billig **_verkauft worden sein_**.
未来の助動詞 werden　　　受動完了不定形

③ 話法の助動詞が用いられている能動文を受動の形にすると未来形と同様の形になります。

〈話法の助動詞の人称変化＋・・・過去分詞＋ werden〉

230

Man muss den Verletzten sofort ins Krankenhaus bringen.
→ Der Verletzte **_muss_** sofort ins Krankenhaus **_gebracht werden_**.
話法の助動詞　　　　　　　　　　　　　　受動不定形

231

Übung 2　音声を聴き，次の能動文を時制を変えずに受動文に改めましょう。

1.　Ein Tourist fragte den Studenten nach dem Weg zum Hotel.
（1 人の旅行者がその学生にホテルへ行く道を尋ねました。）

2.　Er lud uns zur Hochzeit ein.
（彼は私たちを結婚式に招待しました。）

3.　Man wird wohl bald den Täter* verhaften.
（その犯人はたぶん間もなく逮捕されるでしょう。）

4.　Hat man den Kindern die Geschenke schon gegeben?
（その子供たちにそれらのプレゼントはもう渡されましたか。）

5.　Das Erdbeben hatte die Stadt zerstört.
（その地震がその町を破壊していました。）

6.　Man muss das Paket sofort mit Luftpost nach Japan schicken.
（その小包をすぐに航空便で日本へ送らなければなりません。）

7.　Man kann den Plan nicht mehr verwirklichen.
（もはやその計画を実現することはできません。）

Übung 3 ［ ］内の語を利用し，次の文をドイツ語に改めましょう。

1. その絵は彼によって壁に掛けられました。［過去］

   [Bild 匣, Wand 囡, hängen]

2. 東京スカイツリーは多くの人々によって訪問されるでしょう。［未来］

   [Tokio-Skytree 男, viele Leute, besuchen]

3. 私たちはその女性から一度お茶に招待されたことがあります。［現在完了］

   [einmal, zum Tee, einladen]

4. そのけが人たちは即座に手術されなければなりません。［現在］

   [die Verletzten 履, sofort, operieren, müssen]

5. ドイツでも日本の漫画は好んで読まれているそうです。［現在］

   [auch in Deutschland, japanische Comics 履, gern, lesen, sollen]

6. その犯人はまもなく逮捕されると私は思います。［現在］

   [glauben, dass, Täter 男, bald, verhaften]

7. 私がその町に到着したとき［過去］，それ（その町）は地震によって破壊されていました［過去完了］。

   [als, in, Stadt 囡, ankommen, Erdbeben 匣, zerstören]

8. その計画が実現されうるのかどうか私は分かりません。［現在］

   [wissen, ob, Plan 男, verwirklichen, können]

〈自動詞の受動〉
能動文の動詞が自動詞でも受動文が作られることがあります。その場合能動文に4格目的
語がないので，es を受動文の形式的な主語とします。そしてこの es は文頭以外では省略
されます。実際には文頭に es 以外の文成分が置かれ，この es が現れることはほとんどあ
りません。

能動文：Die Töchter helfen der Mutter beim Kochen.

受動文：(***Es wird*** der Mutter beim Kochen von den Töchtern ***geholfen.***)

  → Der Mutter ***wird*** beim Kochen von den Töchtern ***geholfen.***

  → Beim Kochen ***wird*** der Mutter von den Töchtern ***geholfen.***

能動文：Man arbeitet auch am Sonntag.

受動文：(***Es wird*** auch am Sonntag ***gearbeitet.***)

  → Auch am Sonntag ***wird gearbeitet.***

〈2つの4格目的語と結びつく動詞の受動〉
能動文の2つの4格目的語は受動文では両方とも1格になります。
  jn. / et.⁴＋4格の名詞 / 形容詞 nennen：～を…と名付ける，呼ぶ

能動文：Man nennt <u>mich</u>　<u>einen Feigling</u>*.   * Feigling 男 臆病者
              4格　　　男性4格

受動文：Ich ***werde*** ein Feigling ***genannt.***
        1格　　　　　男性1格

🎧 232

❷ 状態受動

Die Geschäfte **waren** lange **geschlossen**.	［過去］それらの店は長い間閉められていました。
Jetzt **sind** die Geschäfte **geöffnet**.	［現在］今はそれらの店は開かれています。

1-2 状態受動「〜されている」〈sein ＋・・・他動詞の過去分詞〉

状態受動は，すでに何かあることが行われて，その結果生じた状態を表します。状態受動の助動詞としては sein が用いられ，動詞は他動詞のみが用いられます。

[Übung 4] 例にならい状態受動の文を作りましょう。

例）Man hat mein Fahrrad schon repariert. → **Mein Fahrrad ist schon repariert.**

1. Man hat die Häuser schon verkauft. →

2. Man hat den Tisch schon gedeckt*. →

    * den Tisch decken 食卓の準備をする

3. Man hat die Brücke schon gesperrt*. →

    * sperren 封鎖する，遮断する

4. Man hat alle Türen des Hauses schon geschlossen. →

●●●第 2 部 分詞

🎧 233

❸ 現在分詞

Kennen Sie das **weinend**e Kind?	あなたはその泣いている子供を知っていますか。
Das Kind kam **weinend** nach Hause.	その子供は泣きながら家に帰ってきました。

分詞には現在分詞と過去分詞があり，どちらも動詞としての意味に加えて形容詞としての性格(付加語的用法，副詞的用法，述語的用法，名詞化)を合わせ持っています。

2-1 現在分詞

① 現在分詞の作り方

	不定形の語尾が -en の場合 動詞の語幹 *-end*	不定形の語尾が -n の場合 動詞の語幹 *-nd*	例外
不定形 現在分詞	wein-en　　泣く wein-**end**	lächel-n　　微笑む lächel-**nd**	sei-n sei-**end**

② 現在分詞の使い方

a. 付加語的用法，冠飾句：「～している‥」
  この場合には形容詞の格語尾が付きます。

  Weißt du den Namen des ***weinenden*** Kindes?
          形容詞の格語尾

分詞は動詞としての機能も持っていますから，目的語や副詞，前置詞句などを伴うこともあります。名詞の前に置かれるこのような修飾句は**冠飾句**と呼ばれます。

  Das auf dem Bett ruhig ***schlafende*** Kind ist der Sohn meines Freundes.
      冠飾句

b. 副詞的用法：「～しながら」
  この場合現在分詞は他の副詞や形容詞，動詞を修飾します。

  Er hörte ***weinend*** der Musik zu*.   * zuhören ～に（3格）耳を傾ける
  Wir sprachen Bier ***trinkend*** miteinander*.   * miteinander sprechen 話し合う
  Ihr Kleid ist ***leuchtend**** rot.   * leuchten 光る，輝く

現在分詞が他の要素を伴い，副文に相当する働きをすることがあります（**分詞構文**）。

  Die auf der Straße ***tanzenden*** Menschen ***sehend*** saß er im Café.
       付加語的   副詞的

  (Während er die auf der Straße tanzenden Menschen sah, saß er im Café.)

c. 述語的用法
  現在分詞は普通述語的には用いられません。ただし完全に形容詞化した現在分詞はsein や werden と結びついて述語的に用いられます。

  （不可） Das Mädchen ist ***schlafend***.
  （可）   Das Mädchen ist ***reizend****.

    * reizen［動詞］刺激する，魅惑する ＞ reizend［形容詞］魅力的な

d. 名詞化
  現在分詞は形容詞の場合と同様に名詞化することができます。

  der ***Reisende***   eine ***Reisende***   die ***Lernenden***
  その男性旅行者 1人の女性旅行者 その学習者たち

e. 未来受動分詞　〈**zu** + 現在分詞〉

　この形は常に付加語的に用いられ，受動で可能［～されうる］，または受動で義務の「～されるべき」の意味になります。

　　das nicht so leicht ***zu lösende*** * Problem　　　　　　　　* lösen 解決する

　　der sofort ***zu reparierende*** Sportwagen

Übung 5　［　］内の動詞を現在分詞に改めて入れ，文を訳しましょう。

1. Sie holt die im Garten ＿＿＿＿＿＿＿ Kinder.　[spielen]
2. Ein deutsches Lied ＿＿＿＿＿＿＿ ging er oft im Park spazieren.　[singen]
3. Über Land mit dem Auto ＿＿＿＿＿＿＿ haben wir die schöne Landschaft genossen.　[fahren]　　　　　　　　　* über Land fahren 田舎を（乗り物で）走る
4. Der Kriminalfilm war sehr ＿＿＿＿＿＿＿.　[spannen]
5. Ich habe dem ＿＿＿＿＿＿＿ den Weg zum Hotel gezeigt.　[reisen : 名詞化]
6. Das ist ein leicht zu ＿＿＿＿＿＿＿ Buch.　[lesen]

234

❹ 過去分詞

> Den ***gebrauchten*** Wagen hat er teuer verkauft.　　その中古車を彼は高く売りました。
>
> Der um 12 Uhr ***angekommene*** Zug hatte eine Stunde Verspätung.
> 　12 時に到着したその列車は 1 時間遅れでした。
>
> Er hat sich tief ***beleidigt*** gefühlt.　　彼はひどく侮辱されたと感じました。

2-2　**過去分詞**

① 過去分詞の使い方

　すでに学習したように過去分詞は完了形や受動態で用いられますが，過去分詞にも現在分詞と同様の使い方があります。過去分詞の場合は他動詞と自動詞で意味の違いがあります。

a. 付加語的用法：他動詞「～された(受動)」，自動詞「～した(完了)」

　この場合には形容詞の格語尾が付きます。

　　他動詞　gebrauchen ～ (4格)を使用する　der ***gebrauchte*** Wagen　その使用された自動車
　　　　　　　　　　　　　　　　　　　　　　　　　形容詞の格語尾

　　自動詞　ankommen 到着する　der ***angekommene*** Zug　その到着した列車
　　　　　　　　　　　　　　　　　　　　　　　形容詞の格語尾

過去分詞も他の要素を伴い**冠飾句**になることがあります。

die durch Bomben* vollständig** ***zerstört*e** Stadt

冠飾句

* Bomben 複 爆弾　** vollständig 完全に

die spät in der Nacht* in München ***angekommen*en** Touristen

冠飾句

* spät in der Nacht 夜遅く

b. 副詞的用法および補語としての用法：他動詞［～されて（受動）］，自動詞「～して（完了）」

この場合過去分詞は他の副詞や形容詞，動詞を修飾します。

Er hat sich tief ***beleidigt**** gefühlt.　　　　　* beleidigen ～（4 格）を侮辱する，～の感情を害す

Er zog sich ***gekränkt**** auf sein Zimmer zurück**.

* kränken ～（4 格）の感情を傷つける　** sich zurücklziehen 引きこもる

過去分詞が他の要素を伴い，副文の働きをすることがあります（**分詞構文**）。

Durch Bomben vollständig ***zerstört*** lag die Stadt in Trümmern*.

* in Trümmern liegen 廃墟と化している

(Weil die Stadt durch Bomben vollständig zerstört worden war, lag sie in Trümmern.)

Spät in der Nacht in München ***angekommen*** besuchte er Frau Schlegel.

(Nachdem er spät in der Nacht in München angekommen war, besuchte er Frau Schlegel.)

c. 述語的用法

完全に形容詞化した過去分詞は述語的に用いられます。

Der Film ist ausgezeichnet*.

* auszeichnen ［動詞］表彰する，際だたせる > ausgezeichnet ［形容詞］優れた，傑出した

d. 名詞化

過去分詞も形容詞の場合と同様に名詞化することができます。

retten （他）救助する	erkranken （自）発病する	fangen （他）捕らえる
der ***Gerettet*e**	die ***Erkrankt*e**	die ***Gefangen*en**
その救助された男性	その発病した女性	その捕らえられた人たち（捕虜たち）

Übung 6 | 音声を聴き，下線部に入る動詞を下から選んで過去分詞に改めて入れ，文を訳しましょう。

1. Gib mir bitte ein _____ Ei!

2. Ich kann mich an die _____ schöne Zeit noch gut erinnern.

3. Von seinen Worten _____ ging sie aus dem Zimmer hinaus.

4. Aus dem Gebüsch* _____ stand er überrascht vor einer prächtigen**
   Szenerie***.

      * Gebüsch 田 茂み　** prächtigen 壮麗な　*** Szenerie 女 景色，光景

5. Der Richter* hat den _____ nach dem Tatmotiv** gefragt.

      * Richter 男 裁判官　** Tatmotiv 田 犯罪の動機

6. Nicht nur Kinder, sondern auch* _____ freuen sich sehr auf die
   Weihnachtsferien**.

      * nicht nur 〜, sondern auch ... 〜だけでなく…も　** Weihnachtsferien 複 クリスマス休暇

> vergehen 過ぎ去る，hervortreten 歩み出る，anklagen 訴える，erwachsen 成人する，
> kochen 料理する，煮る，ゆでる，verletzen 傷付ける

Würzburg

第1部　関係代名詞　関係副詞

❶ 定関係代名詞

Kennst du *den Studenten*, ***der*** da am Computer ***arbeitet***?
　そこでコンピューターに向かって作業をしているその男子大学生を君は知っていますか。

Der Student, ***den*** ich jetzt besuchen ***will***, wohnt bei meiner Tante.
　私が今から訪ねようと思っているその男子大学生は，私の伯母のもとに住んでいます。

Der Student, ***dem*** du letzte Woche Kamakura gezeigt ***hast***, reist jetzt durch

Hokkaido.
　君が先週鎌倉を案内してあげたその男子大学生は，今は北海道を旅行しています。

Dem Studenten, ***dessen*** Mutter eine Freundin meiner Mutter ***ist***, habe ich einen

Brief geschrieben.
　その母親が私の母の友だちであるその男子大学生に，私は手紙を書きました。

Das ist ein Foto *des Studenten*, ***mit dem*** ich nach Okinawa gereist ***bin***.
　これが，私が一緒に沖縄へ旅行した男子大学生の写真です。

　関係代名詞には主文内の先行詞を受けて使われ，後続の文を先行詞に関係づける働きを
する**定関係代名詞**と，先行詞を必要とせず，それ自体に先行詞の働きが備わっている**不定
関係代名詞**があります。

1-1　定関係代名詞

① 定関係代名詞の形

〈定関係代名詞の格変化〉

	男	女	中	複
1格	*der*	*die*	*das*	*die*
2格	*dessen*	*deren*	*dessen*	*deren*
3格	*dem*	*der*	*dem*	*denen*
4格	*den*	*die*	*das*	*die*

② 定関係代名詞の使い方

▷ 定関係代名詞の性，数は先行詞と一致します。

▷ 格は関係文内での役割（主語，目的語など）で決まります。また定関係代名詞の前に

前置詞が置かれているときは，前置詞の格支配で決まります。

▷ 関係文（副文）の定形は文末に置かれ，定関係代名詞と定形で枠を作る形（**枠構造**）になります。

▷ 主文と関係文はコンマで区切られます。

2 つの文を定関係代名詞を用いて結んでみましょう。

(Kennst du den Studenten? Der Student arbeitet da am Computer.)

Kennst du *den Studenten*,   **der**   da am Computer **arbeitet**?
先行詞（男性） 定関係代名詞（男性 1 格［主語］） 定形
主文 関係文（副文）

(Das ist ein Foto des Studenten. Ich bin mit dem Studenten nach Okinawa gereist.)

Das ist ein Foto *des Studenten*,   **mit dem** ich nach Okinawa gereist **bin**.
先行詞（男性） 3 格支配の前置詞＋関係代名詞 定形
主文 関係文（副文）

関係文はなるべく先行詞に近いところに置かれ，主文の間に関係文が割り込む形がよく見られます。

Der Student, **den** ich jetzt besuchen **will**, wohnt bei meiner Tante.
主文 関係文 主文

⌇Übung 1⌇ 下線部に定関係代名詞を入れ，文を訳しましょう。

1. Das ist die Tasche, _____ ich gestern gekauft habe.

2. Das ist das Fahrrad, mit _____ ich nach Wien gefahren bin.

3. Zeig mir mal das Kleid, _____ du morgen tragen willst!

4. Der Student, _____ Vater in Tokio arbeitet, fährt in den Sommerferien nach Japan.

5. Die Frau, _____ diese Villa gehört, ist die Tante meiner Freundin.

6. Kennen Sie die Frauen, _____ dort Tennis spielen?

7. Das Tor, durch _____ jetzt die Straßenbahn verkehrt, wurde im Mittelalter gebaut.

🎧
237 ⌇Übung 2⌇ 音声を聴き，Übung 1 を参考にして関係文を書き取りましょう。

1. Ist das das Buch, _____

2. Das ist der Bus, _____

3. Zeig mir mal den Anzug, _____

4. Die Studentin, _____, fährt in den Winterferien nach Deutschland.

5. Der Mann, _____, ist der Onkel meines Freundes.

6. Kennen Sie die Männer, _____

7. Der Tunnel, _____, wurde in der Edo-Zeit gebaut.

Übung 3　［　］内の語を利用して，次の文をドイツ語に改めましょう。

1. 私たちがアーヘンで知り合ったドイツ人たちが明日日本へやって来ます。

  [die Deutschen, in Aachen, jn. kennen lernen]

2. 息子がパリに留学しているその女性は明日早朝フランスへ出発します。

  [Sohn 男, in Paris studieren, morgen früh, Frankreich, ab|fahren]

3. 私たちが毎日散歩しているその公園は川べりにあります。

  [Park 男, spazieren gehen, am Fluss liegen]

4. 私がそのために一生懸命に勉強してきた試験が延期されました。

  [Prüfung 女, fleißig, für, verschieben]

5. 事故でひどくケガをしたそれらの人々はすぐに病院へ運ばれなければなりません。

  [Leute 複, beim Unfall, sich schwer verletzen, sofort, ins Krankenhaus, bringen]

6. 最新のスポーツカーが陳列されているショーウィンドーの前を私は何度も通り過ぎました。

  [mehrmals, an et.³ vorüber|gehen, Schaufenster 中, in, neu, Sportwagen 男, auf|stellen]

⚙️━🔑━❷ 不定関係代名詞

Wer mich **liebt**, **den** liebe ich wieder.　私を愛する人（その人）を私もまた愛します。

Ich erzähle dir *alles*, **was** ich dort erlebt **habe**.　そこで私が体験したことをすべて君に話します。

🎧 238

2-1　不定関係代名詞

　不定関係代名詞は特定の先行詞を取らず，それ自体が不特定の人やこと・ものを表します。

　不定関係代名詞には wer「～する人（は誰でも）」と was「～すること，もの（は何でも）」があり，格変化は疑問代名詞 wer, was と同じです。

〈wer, was の格変化〉

1格	**wer**	**was**
2格	**wessen**	**wessen**
3格	**wem**	—
4格	**wen**	**was**

① 不定関係代名詞 wer「〜する人(は誰でも)」(英語：*whoever*)の使い方

    a. wer が用いられている関係文は主文の前に置かれ，主文の先頭には指示代名詞 der「その人」(1格：der，2格：dessen，3格：dem，4格：den → Lektion 14 2-1) が置かれます。wer と指示代名詞がそれぞれ関係文内，主文内での格を明示します。

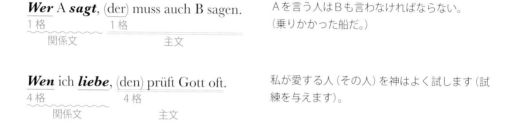

Wer   mir   *vertraut**,   **dem**   vertraue   ich   wieder.
1格(主語)   定形   3格目的語

           関係文   主文

     私を信頼する人(は誰でも)   (その人)を私もまた信頼します。

     * vertrauen(3格支配)人³を信頼する

    b. wer と指示代名詞がともに1格またはともに4格の場合，指示代名詞 der，den は省略されることがあります。

       Wer A *sagt*, (der) muss auch B sagen.   Aを言う人はBも言わなければならない。
       1格   1格   (乗りかかった船だ。)
          関係文   主文

       Wen ich *liebe*, (den) prüft Gott oft.   私が愛する人(その人)を神はよく試します(試
       4格   4格   練を与えます)。
         関係文   主文

🎧 239   [Übung 4]   音声を聴いて実線部には不定関係代名詞，点線部には指示代名詞を入れ，文を訳しましょう。

   1. _____ ein teures ausländisches Auto hat, muss hohe Steuern zahlen.

   2. _____ ich einmal kennen gelernt habe, _____ Namen vergesse ich nicht.

   3. _____ nicht sehen will, _____ hilft keine Brille.

   4. _____ Worte ihn begeistern, _____ folgt er immer.

   5. _____ einmal lügt, _____ glaubt* man nicht mehr so leicht.

     * glauben 〜人³の言うことを信じる

② 不定関係代名詞 was「〜すること，もの(は何でも)」(英語：*what*)の使い方

    a. was は主に1格と4格が用いられます。was が用いられている関係文は主文の前にも後ろにも置かれます。主文内では関係文を受ける形で，指示代名詞 das(1格：das，2格：dessen，3格：dem，4格：das → Lektion 14 2-1) が使われますが，was，das ともに1格か4格のときは，この das は省略されることもあります。

Ich glaube (das) nicht, **was** er gesagt **hat**.
指示代名詞（中性 4 格）　不定関係代名詞（4 格）　定形
主文　　　　　　　　　　関係文

Was　er　**sagt**,　(das)　stimmt* immer.　　　　　　　* stimmen 当たっている
4 格（目的語）　定形　1 格（主語）
関係文　　　　　　　主文

b. was は etwas「いくつか」，nichts「1 つも～ない」，alles「すべて」，vieles「多くのこと・もの」，形容詞の中性名詞化されたものなどを先行詞とすることがあります。

Ich glaube **nichts**, **was** er gesagt **hat**.
Er hat **vieles** erzählt, **was** uns **interessiert**.
Das ist **das Beste**, **was** ich machen **kann**.

c. was は前文の内容全体あるいは一部を受けることがあります。

Sie kam nicht, **was** ihn sehr **ärgerte***.　　　　　　　* ärgern 人⁴ を怒らせる
（前文を受けて）そのことが

Übung 5　次のドイツのことわざに相当する日本語のことわざを選びましょう。

1.　Wer lügt, der stiehlt.

2.　Wer nicht wagt, der gewinnt nicht.

3.　Wer zu viel verlangt, bekommt gar nichts.

4.　Was Hänschen* nicht lernt, lernt Hans**
　　nimmermehr.
　　　　* Hänschen 小さなハンスちゃん（子供のときのハンス）
　　　　** Hans ハンス（大人となったハンス）

5.　Was ich nicht weiß, macht mich nicht heiß.

ア　二兎を追う者は一兎も得ず。

イ　鉄は熱いうちに打て。

ウ　馬の耳に念仏。

エ　虎穴に入らずんば虎児を得ず。

オ　嘘つきは泥棒の始まり。

Passau

🎧 240

> *Die Universität,* **wo** ich zwei Jahre studiert **habe**, liegt am Main.
> 私が2年間大学で勉強したその大学は，マイン川沿いあります。
>
> *Das Land,* **woher** er **stammt**, ist in eine Wirtschaftskrise geraten.
> 彼の出身の国は，経済危機に陥っています。

1-3 関係副詞

先行詞が場所，時，仕方，理由などを意味する場合，〈前置詞＋定関係代名詞〉の代わりに，wo, woher, wohin, als, wie, warum などが関係副詞としてよく用いられます。

① 場所を表す関係副詞　wo, wohin, woher など

(Die Universität liegt am Main. Ich habe zwei Jahre an der Universität studiert.)

Die Universität, **wo** (← an der) ich zwei Jahre studiert **habe**, liegt am Main.

　先行詞　関係副詞　　　　　　　　　　　　定形
　　主文　　　　　　　関係文　　　　　　　　主文

Die Stadt, **wohin** (← in die) er umgezogen **ist**, liegt am Meer.

Hast du einmal *das Dorf* besucht, **woher** (← aus dem) deine Freundin **kommt**?

② 時を表す関係副詞　wo, als など

Erinnerst du dich noch an *den Tag,* **wo / als** (← an dem) wir uns zum ersten Mal*
getroffen **haben**? 　　　　　　　　　　　　　* zum ersten Mal はじめて

③ やり方，程度，理由などを表す関係副詞　wie, warum

Die Art und Weise,* **wie** (← in der) er **spricht**, finde ich unhöflich**.
　　* die Art und Weise やり方，仕方　** unhöflich 失礼な

Das ist *der Grund,* **warum** (← aus dem) er heute nicht gekommen **ist**.

Übung 6 下から関係副詞を選んで入れ，文を訳しましょう。

1. Das Dorf, _____ Frau Schlegel umgezogen ist, heißt Gnadenwald.

2. Den Grund, _____ das Land in eine Wirtschaftskrise geraten ist, hat er uns
   ausführlich* erklärt. 　　　　　　　　　　　　　* ausführlich 詳細に

3. Im Park, _____ ich jeden Morgen spazieren gehe, gibt es einen japanischen
   Garten.

4. Er wird nächsten Monat nach Stuttgart ziehen*, _____ er stammt. * ziehen 移る

5. Es kommt noch* der Tag, _____ er mich braucht. 　　　* noch いずれ

関係副詞：wo, woher, wohin, warum

第 2 部　指示代名詞　der

❹ 指示代名詞 der

241

Kennen Sie **den** Mann da?　　　あなたはそこにいるその男性をご存じですか。

— Ja, **den** kenne ich gut.　　　—ええ，その人ならよく知っています。

Mein Vater ist viel älter als **der** meines Freundes.
私の父は私の友人の父親よりずっと年上です。

2-1　指示代名詞　der

① 付加語的用法

指示代名詞 der は，名詞の前に置かれて付加語として用いられる場合には定冠詞と同
じ形になります。その場合常にアクセントが置かれて「デーァ」と発音され，指示性
が強調されます。また名詞の後ろに hier，da，dort などの語が添えられることがよ
くあります。

　　　die Frau *da*　　そこにいるその女性　　　**das** Auto *dort*　　あそこにあるあの車

② 単独用法

指示代名詞 der が単独で使われる場合には，定関係代名詞と同じ形になります。

〈指示代名詞 der の格変化〉

	男	女	中	複
1 格	*der*	*die*	*das*	*die*
2 格	*dessen*	*deren*	*dessen*	*deren* (derer*)
3 格	*dem*	*der*	*dem*	*denen*
4 格	*den*	*die*	*das*	*die*

* derer は主に関係代名詞の先行詞として用いられ，「〜（関係文）である人々の」という意味になります。

　　das Schicksal **derer**, die in dieser Stadt wohnen　　この町に住む人々の運命

a. 前述の名詞を受けます。この場合人称代名詞より指示性が強調されます。眼前のも
のや人を指す場合はたいてい指示代名詞が用いられます。

　　Kennen Sie **den** Mann da? — Ja, **den** kenne ich gut.

　　Kaufen Sie **die** Tasche hier? — Nein, **die** kaufe ich nicht.

Lektion 14　　125

b. 名詞の反復を避けます。

Mein Vater ist viel älter als *der* (← der Vater) meines Freundes.

c. 近くにいる人，近くにあるものを直接指示します。

Ich möchte ein Kilo Äpfel, von *denen* da.
リンゴ1キロ欲しいんですが，そこにあるのを下さい。

d. 直前の名詞を受けます。（隣接指示）

Thomas geht mit einem Freund und *dessen* Frau ins Theater.

Übung 7 指示代名詞 der を適切な形にして入れ，文を訳しましょう。

1. _____ Herr dort, der in der Raucherecke* raucht, ist unser Rektor.

* Raucherecke 女 喫煙コーナー

2. Sieh mal _____ Frauen dort! Sind _____ nicht jene berühmten Idole?

3. Es* lebte einmal im Wald ein Alter, _____ hatte drei Töchter.

* es：仮主語，実際の主語は ein Alter

4. Anna fährt mit einer Freundin und _____ Schwester nach Rothenburg.

5. Meine Wohnung ist viel kleiner als _____ meines Freundes.

6. Kaufen Sie das Buch nicht? — Nein, _____ habe ich schon.

7. Wer sehr gern Bier trinkt, _____ führe ich in die Brauerei.

Lektion ◆15◆ 接続法

▶▶▶ 第1部 接続法第1式

🔑❶ 3つの話法

🎧242

(1) Er **kommt** morgen zu mir. ［直説法（現在）］
彼は明日私のところへ来ます。

(2) **Komm** morgen zu mir! ［命令法（du に対する命令）］
明日私のところへ来なさい。

(3) Er hat gesagt, er ***komme*** morgen zu mir. ［接続法第1式］
彼は，明日私のところへ来ると言っていました。

(4) Wenn ich morgen Zeit ***hätte***, ***ginge*** ich zu dir. ［接続法第2式］
明日時間があれば，私は君のところへ行くところなんですが。

1-1 3つの話法

　ドイツ語には直説法，命令法，接続法という3つの話法があります。話法とは発言の内容に対する話し手の心構えを示すもので，動詞の人称変化の違いによって表されます。Lektion 14 までの学習内容はいずれも直説法，命令法の範囲内でした。

　Schlüssel 1 にあげた例文(1)の直説法は，話者が発言の内容を事実として述べる場合に用いられます。

　例文(2)の命令法は，話者が話し相手（2人称親称［du，ihr]）に対して命令，要求する場合に用いられます。

　例文(3)と(4)では接続法が用いられています。接続法には第1式と第2式の2つの形があります。第1式は，他者の話の間接的な引用，du，ihr 以外の人，ものに対する要求を表します。第2式は非現実な事柄についての表現，およびそこから派生した外交的(丁寧，控えめな)表現に用いられます。

　例文(3)では Er hat gesagt, の部分は直説法です。er ***komme*** morgen zu mir の部分に接続法第1式が使われています。これは「彼が言った」内容の間接的な伝達です。

　例文(4)では接続法第2式によって非現実な事柄，あるいは実現する可能性の低い事柄が述べられています。

接続法の用法をまとめると次のようになります。

接続法第1式：**要求話法**，**間接話法**
接続法第2式：**非現実話法**，外交的表現，間接話法の一部

 ❷ 接続法第1式の形態，用法

243

Man ***nehme*** diese Tabletten dreimal täglich ***ein***.　この錠剤を1日3回服用すること。

Er sagte mir, er ***gehe*** heute mit seiner Freundin ins Kino.
彼は私に，彼は今日彼のガールフレンドと映画を観に行くと言っていました。

`1-2` 接続法第1式の形態

接続法第Ⅰ式は〈不定形の語幹 -e〉が基本形になり，それに直説法過去と同じ語尾を付けて作ります。ただし sein は例外です。

244

〈接続法第1式〉

不定形	lernen	haben	sein	werden
ich	lern**e***	hab**e**	sei	werd**e**
du	lern**e**_st_	hab**e**_st_	sei_st_	werd**e**_st_
er	lern**e**	hab**e**	sei	werd**e**
wir	lern**e**_n_*	hab**e**_n_	sei**e**_n_	werd**e**_n_
ihr	lern**e**_t_	hab**e**_t_	sei**e**_t_	werd**e**_t_
sie	lern**e**_n_*	hab**e**_n_	sei**e**_n_	werd**e**_n_

* 接続法第Ⅰ式の人称変化の一部は直説法現在と形が同じになるので注意すること。

`Übung 1` 不定形を接続法第Ⅰ式にして人称変化させましょう。直説法現在と形が同じになる個所に△印を付けましょう。

不定形	spielen	arbeiten	fahren	helfen	können
ich					
du					
er					
wir					
ihr					
sie					

1-3 接続法第1式の時制

　直説法の過去，現在完了，過去完了は接続法では「過去」という1つの時制にまとめられます。接続法第1式の過去は直説法の現在完了形と同じ形をしていますが，完了の助動詞（sein または haben）が接続法第1式になります。

　接続法第1式の未来は未来の助動詞 werden が接続法第1式になります。

現在	er **lerne**	er **komme**
過去	er **habe** ... gelernt	er **sei** ... gekommen
未来	er **werde** ... lernen	er **werde** ... kommen
未来完了	er **werde** ... gelernt haben.	er **werde** ... gekommen sein

1-4 接続法第1式の用法

① 要求話法

　2人称親称（du, ihr）以外の人，ものに対する要求，願望を表します。慣用的な表現もあります。

a. 要求「～ということにしてほしい」

　　Die Strecke AB* *sei* 3 cm. 　　　　　　　　　　　　　　　　* die Strecke AB 線分 AB
　　Man *nehme* diese Tabletten dreimal täglich *ein*!

b. 願望，祈願「～であってほしい」

　　Es* *lebe* die Freiheit! 　自由万歳 　　　　　　　　　　　　* es：仮主語
　　Er *möge** wieder gesund werden! / *Möge* er wieder gesund werden!
　　　* 願望を表す表現では mögen の接続法第Ⅰ式が頻繁に使われ，定形が文頭に置かれることもよくある。

　　Gott *möge* uns helfen! 　神よ我らを助けたまえ。
　　Gott *sei* Dank! 　ああよかった。やれやれ。（神に感謝あれ）

c. 2人称敬称（Sie）に対する要請

　　Sprechen Sie bitte etwas langsamer!

d. 1人称複数（wir）に対する勧誘「～しましょう」

　　Gehen wir etwas trinken! / *Wollen* wir etwas trinken gehen!

Übung 2 ［ ］内の動詞，助動詞を接続法第 1 式にして入れ，文を訳しましょう。

1. Zuerst _____ man die Kartoffeln, dann _____ man sie zehn Minuten. [schälen 皮をむく, kochen 茹でる]

2. _____ das neue Jahr viel Glück bringen! [mögen]

3. Gott _____ dich! [segnen 祝福する]

4. _____ Sie bitte vorsichtig! [fahren]

5. _____ wir das Museum morgen! [besuchen]

② 間接話法

他者の発言を第三者に伝達するには，直接話法と間接話法という 2 つの方法があります。直接話法では他者の発言を引用符を用いてそのまま引用します。間接話法では他者の発言を自分の立場で捉えなおし，内容を伝達します。間接話法では原則として接続法第 I 式が用いられます。

a. 直接話法から間接話法への書き換え（平叙文）

▷ 直接話法では引用符内は大文字で書き始めますが，間接話法では主文と発言内容の間にコンマを打ち，小文字で書き始めます。

▷ 引用符内の代名詞，所有冠詞は主文に合わせます。

▷ 従属接続詞 dass を用いる場合には定形は後置されます。

▷ ドイツ語には時制の一致が原則としてありませんので，時間や場所を表す副詞（heute, gestern, hier, dort など）はそのまま用いられます。

［直接話法（現在）→間接話法（現在）］

Er sagte mir: „Ich *gehe* heute mit meiner Freundin ins Kino." ［現在］

直接話法

→ Er sagte mir, **er gehe** heute mit **seiner** Freundin ins Kino. ［現在］

　　　　dass **er** heute mit **seiner** Freundin ins Kino *gehe*.

間接話法

［直接話法（過去，現在完了，過去完了）→間接話法（過去）］

Er sagte mir: „Ich *ging* gestern mit meiner Freundin ins Kino." ［過去］

　　　　„Ich *bin* gestern mit meiner Freundin ins Kino *gegangen*." ［現在完了］

直接話法

→ Er sagte mir, **er sei** gestern mit **seiner** Freundin ins Kino *gegangen*. ［過去］

間接話法

［直接話法（未来）→間接話法（未来）］

Er sagte mir: „Ich *werde* mit meiner Freundin ins Kino *gehen*.“ ［未来］
直接話法

→ Er sagte mir, **er *werde*** mit **seiner** Freundin ins Kino ***gehen***. ［未来］
間接話法

接続法第 1 式が直説法と同形になるときは，通常接続法第 2 式が代わりに用いられます。

Sie sagten mir: „Wir *gehen* ins Kino.“
→ Sie sagten mir, sie ***gingen**** ins Kino. * gehen の接続法第 2 式
.... , sie ***würden*** ins Kino ***gehen***. * würde +…不定形（→ Lektion 15 2-3）

[Übung 3] 直接話法の部分を間接話法に改めて文を書き換えましょう。

1. Marie sagte mir: „Ich gebe dir das Buch.“

   Marie sagte mir, _____ .

2. Alex hat uns gesagt: „Ich leihe euch mein Auto.“

   Alex hat uns gesagt, _____ .

3. Stefan hat ihr gesagt: „Ich traf gestern im Reisebüro deine Schwester.“

   Stefan hat ihr gesagt, _____ .

4. Paula sagte: „Ich bin zweimal nach Japan gefahren.“

   Paula sagte, _____ .

5. Martin und Petra sagten: „Wir haben vorgestern hier einen Schauspieler gesehen.“

   Martin und Petra sagten, _____ .

6. Christine sagte: „Ich werde in Japan studieren.“

   Christine sagte, _____ .

b. 直説話法から間接話法への書き換え（疑問文）
   直接話法の疑問文を間接話法に改める場合は，決定疑問文では従属接続詞 **ob** が，補足疑問文では**疑問詞**が副文の先頭に置かれます。

   Er fragte uns: „*Geht* ihr heute mit mir ins Kino?“
   → Er fragte uns, **ob wir** heute mit **ihm** ins Kino ***gingen / gehen würden***.
   Er fragte uns: „Wo *wart* ihr gestern Abend?“
   → Er fragte uns, **wo wir** gestern Abend ***gewesen seien***.

c. 直説話法から間接話法への書き換え（命令・要求，依頼・懇願の場合）
　　▷ 命令・要求を間接話法で表現する場合は，sollen の接続法第 1 式を使います。
　　▷ 依頼・懇願の場合は，mögen の接続法第 1 式を使います。

　　　Er sagte zu ihr: „Warte hier!"
　　　→ Er sagte ihr, **sie *solle*** hier ***warten***.
　　　Er bat* mich: „Bitte warten Sie hier!"
　　　→ Er bat mich, **ich *möge*** hier ***warten***.

* bat < bitten「頼む」の過去

┊Übung 4┊ 直接話法の部分を間接話法に改めて文を書き換えましょう。

1. Der Polizist fragte den Touristen: „Können Sie mir jetzt den Pass zeigen?"
   Der Polizist fragte den Touristen, _____ .

2. Die Lehrerin fragte ihn: „Hast du die Hausaufgaben nicht gemacht?"
   Die Lehrerin fragte ihn, _____ .

3. Die Mutter fragte ihre Kinder: „Wo habt ihr das Hündchen gefunden?"
   Die Mutter fragte ihre Kinder, _____ .

4. Mein Freund sagte zu mir: „Heute kann ich dir bei den Hausaufgaben helfen.
   Komm nach dem Mittagessen zu mir!"
   Mein Freund sagte mir, _____
   _____ .

5. Ein Herr bat meinen Vater: „Machen Sie bitte ein Foto von mir!"
   Ein Herr bat meinen Vater, _____ .

第2部　接続法第2式

❸ 接続法第2式の形態，用法

245

Wenn ich heute Zeit **hätte**, **ginge** ich ins Kino.　今日時間があれば，映画を観に行くんだけれど。

Könnten Sie mir bitte das Foto zeigen?　どうか私にその写真を見せていただけますか。

2-1　接続法第2式の形態

① 規則動詞の接続法第2式は語幹に -te を付けます（直説法過去と同形）。

不定形	直説法過去（過去基本形）	接続法第2式
lernen	lernte	lern**te**

② 不規則動詞の接続法第2式は，過去基本形の末尾に -e がない場合には -e を付け，幹母音の a, o, u はウムラウトして ä, ö, ü になります。ただし例外もあります。

	不定形	直説法過去（過去基本形）	接続法第2式
	kommen	kam	**käme**
	fahren	fuhr	**führe**
（例外	kennen	kannte	**kennte**）

〈接続法第2式の人称変化〉

246

不定形 過去基本形	lernen lernte	haben hatte	sein war	werden wurde
ich	lern**te**	**hätte**	**wäre**	**würde**
du	lern**te**st	**hätte**st	**wär**st	**würde**st
er	lern**te**	**hätte**	**wäre**	**würde**
wir	lern**te**n	**hätte**n	**wäre**n	**würde**n
ihr	lern**te**t	**hätte**t	**wär**t	**würde**t
sie	lern**te**n	**hätte**n	**wäre**n	**würde**n

| Übung 5 | 不定形を接続法第 2 式にして人称変化させましょう。

不定形	warten	gehen	kommen	fahren	können
ich					
du					
er					
wir					
ihr					
sie					

2-2 接続法第 2 式の時制

接続法第 2 式の過去は，第 1 式の場合と同様に，直説法の現在完了形と同じ形をしていますが，完了の助動詞（sein または haben）が接続法第 2 式になります。

接続法第 2 式の未来は未来の助動詞 werden が接続法第 2 式になります。

現在	er **lernte**	er **käme**
過去	er **hätte** ... gelernt	er **wäre** ... gekommen
未来	er **würde** ... lernen	er **würde** ... kommen
未来完了	er **würde** ... gelernt haben	er **würde** ... gekommen sein

2-3 接続法第 2 式の用法

① 非現実話法：事実ではない，あるいは可能性の低い事柄を前提とする話法です。

事実に反した前提とそれに基づく結論を表現する用法で，〈前提部（副文）＋結論部（主文）〉という形が典型的で，前提部も結論部もともに接続法第 2 式が用いられます。

a. 現在の事実に反する前提と結論：「もし～なら，～なのになあ」

Wenn ich heute Zeit **hätte**, **ginge** ich ins Kino.
前提部（副文）　　　　　結論部（主文）

前提部の wenn が省略されて定形（接続法第 2 式）が文頭に置かれることがあります。

Hätte ich heute Zeit, **ginge** ich ins Kino.
Wäre ich ein Vogel, **könnte** ich zu dir fliegen.

前提部，結論部ともに sein, haben, werden, 話法の助動詞以外は，〈**würde** ＋ ··· **不定形**〉という形がよく用いられます。

134　◇◇ **Lektion 15**

Wenn sie heute zu mir **kommen würde**, **würde** ich mit ihr ins Kino **gehen**.

b. 過去の事実に反する前提と結論：「もし～だったならば，～だったのに」

Wenn sie gestern zu mir **gekommen wäre**, **wäre** ich mit ihr ins Kino **gegangen**.
Hätte ich viel Geld **gehabt**, **hätte** ich den Sportwagen **gekauft**.

[Übung 6]　例にならって非現実話法の文を作りましょう。

例　Ich bin nicht musikalisch. Ich gehe nicht gern ins Konzert.
　　→ Wenn ich musikalisch wäre, würde ich gern ins Konzert gehen.

1.　Das Wetter ist nicht schön. Wir können keinen Ausflug machen.
　　→

2.　Ich habe kein Auto. Ich fahre mit ihr nicht spazieren.
　　→

3.　Es regnete. Ich bin nicht einkaufen gegangen.
　　→

4.　Wir haben keinen Hund. Wir fühlen uns einsam.
　　→

5.　Ich hatte kein größeres Wörterbuch. Ich verstand den deutschen Satz nicht.
　　→

c. 前提部の独立用法：実現不可能な願望を表します。よく doch や nur が置かれ強調されます。「もし～ならいいのに，もし～だったらよかったのに」

Wenn ich doch genug Zeit **hätte**! / **Hätte** ich doch genug Zeit!
Wenn er nur gekommen **wäre**! / **Wäre** er nur gekommen!

d. 結論部の独立用法：前提部が前後の文脈から想定されているか，あるいは前提部に相当するものが文成分として文頭に置かれていることがあります。
また接続法第 2 式が beinahe, fast, um ein Haar を伴って用いられると「危うく，ほとんど，間一髪で～するところだっだ」という意味になります。

Ohne Wasser **könnte** man nicht leben.
Mit deiner Hilfe **hätten** wir unser Ziel erreichen können.
Ich **hätte** *beinahe* die Tasche im Taxi vergessen..

e. als ob (als wenn) ＋接続法第 2 式 / 第 1 式：「あたかも〜のように（英語の *as if*）」

Er spricht Deutsch, **als ob** er Deutscher ***wäre / sei***.

ob が省略されてその位置に定形が置かれることもあります。

Er spricht Deutsch, **als *wäre / sei*** er Deutscher.

② 外交的用法：丁寧な依頼，控えめな表現

Könnten Sie mir den Weg zum Bahnhof zeigen?

Würden Sie mir mal helfen?

Möchten Sie lieber klassische Musik hören?

Ich ***hätte*** gern ein Stück Käsekuchen und einen Kaffee!

Übung 7　次の文を訳しましょう。

1. Wenn er mich nur einmal besuchen würde!
2. Ein Fachmann könnte das noch besser erklären.
3. Ich hätte meinen Zug fast verpasst.　Beinahe wäre ich zu spät gekommen.
4. Er erzählte uns die Geschichte, als ob er sie selbst erlebt hätte.
5. Sie sollten sofort zum Arzt gehen.

Übung 8　次の文をドイツ語に改めましょう。

1. もしたくさんお金（viel Geld）があれば，私はドイツへ行くのだけれど。
2. もし時間（Zeit：無冠詞）があったならば，私はウィーンで（in Wien）オペラを観に行った＊ん
   だけれど。　　　　　　　　　　　　　　　　　　　　＊ オペラを観に行く：in die Oper gehen
3. 私がもっと長く（doch noch länger）君のもとに留まることができればいいのだけれど。
4. 間一髪で（um ein Haar）私はその子供を轢く＊ところでした。　　＊ 轢く：überfahren［非分離動詞］
5. 彼女はまるで私を見なかったかのように私のそばを通り過ぎ＊ました。
   　＊ 〜のそばを通り過ぎる：an jm. vorbeilgehen
6. 君たちはもっと熱心に（noch fleißiger）ドイツ語を勉強すべきだったのではないかな。

不規則動詞の変化表

不　定　形	直説法現在	過去基本形	接続法第Ⅱ式	過去分詞
backen 焼く		**backte**	backte	**gebacken**
befehlen 命令する	befiehlst befiehlt	**befahl**	befähle	**befohlen**
beginnen 始まる		**begann**	begänne (begönne)	**begonnen**
bieten 提供する		**bot**	böte	**geboten**
binden 結ぶ		**band**	bände	**gebunden**
bitten 頼む		**bat**	bäte	**gebeten**
bleiben とどまる		**blieb**	bliebe	**geblieben**
brechen 折る	brichst bricht	**brach**	bräche	**gebrochen**
brennen 燃える		**brannte**	brennte	**gebrannt**
bringen 持ってくる		**brachte**	brächte	**gebracht**
denken 思う		**dachte**	dächte	**gedacht**
dürfen …してもよい	ich　darf du　darfst er　darf	**durfte**	dürfte	**gedurft** (dürfen)
empfehlen 勧める	empfiehlst empfiehlt	**empfahl**	empfähle	**empfohlen**
entscheiden 決定する		**entschied**	entschiede	**entschieden**
essen 食べる	isst isst	**aß**	äße	**gegessen**
fahren （乗り物で)行く	fährst fährt	**fuhr**	führe	**gefahren**
fallen 落ちる	fällst fällt	**fiel**	fiele	**gefallen**
fangen 捕らえる	fängst fängt	**fing**	finge	**gefangen**
finden 見つける		**fand**	fände	**gefunden**
fliegen 飛ぶ		**flog**	flöge	**geflogen**
fließen 流れる		**floss**	flösse	**geflossen**

137

不　定　形	直説法現在		過去基本形	接続法第Ⅱ式	過去分詞
gebären 産む			**gebar**	gebäre	**geboren**
geben 与える		gibst gibt	**gab**	gäbe	**gegeben**
gefallen 気に入る		gefällst gefällt	**gefiel**	gefiele	**gefallen**
gehen （歩いて）行く			**ging**	ginge	**gegangen**
genießen 楽しむ			**genoss**	genösse	**genossen**
geschehen 起こる	es	geschieht	**geschah**	geschähe	**geschehen**
gewinnen 勝つ			**gewann**	gewönne	**gewonnen**
graben 掘る		gräbst gräbt	**grub**	grübe	**gegraben**
greifen つかむ			**griff**	griffe	**gegriffen**
haben 持っている		hast hat	**hatte**	hätte	**gehabt**
halten （手に）持っている		hältst hält	**hielt**	hielte	**gehalten**
hängen 掛かっている			**hing**	hinge	**gehangen**
heißen （…という）名である			**hieß**	hieße	**geheißen**
helfen 手伝う		hilfst hilft	**half**	hülfe	**geholfen**
kennen 知っている			**kannte**	kennte	**gekannt**
kommen 来る			**kam**	käme	**gekommen**
können …できる	ich du er	kann kannst kann	**konnte**	könnte	**gekonnt** **(können)**
laden 積む		lädst lädt	**lud**	lüde	**geladen**
lassen …させる		lässt lässt	**ließ**	ließe	**gelassen** **(lassen)**
laufen 走る		läufst läuft	**lief**	liefe	**gelaufen**
leihen 貸す			**lieh**	liehe	**geliehen**
lesen 読む		liest liest	**las**	läse	**gelesen**
liegen 横になっている			**lag**	läge	**gelegen**

不　定　形	直説法現在	過去基本形	接続法第Ⅱ式	過去分詞
mögen …かもしれない，…が好きだ	ich mag du magst er mag	**mochte**	möchte	**gemocht** **(mögen)**
müssen …しなければならない	ich muss du musst er muss	**musste**	müsste	**gemusst** **(müssen)**
nehmen 取る	nimmst nimmt	**nahm**	nähme	**genommen**
nennen …と名づける		**nannte**	nennte	**genannt**
rufen 叫ぶ		**rief**	riefe	**gerufen**
schaffen 創造する		**schuf**	schüfe	**geschaffen**
scheinen 輝く，(…のように)見える		**schien**	schiene	**geschienen**
schlafen 眠る	schläfst schläft	**schlief**	schliefe	**geschlafen**
schlagen 打つ	schlägst schlägt	**schlug**	schlüge	**geschlagen**
schließen 閉める		**schloss**	schlösse	**geschlossen**
schneiden 切る		**schnitt**	schnitte	**geschnitten**
schreiben 書く		**schrieb**	schriebe	**geschrieben**
schweigen 黙っている		**schwieg**	schwiege	**geschwiegen**
schwimmen 泳ぐ		**schwamm**	schwömme (schwämme)	**geschwommen**
sehen 見る，見える	siehst sieht	**sah**	sähe	**gesehen**
sein …である	bin sind bist seid ist sind	**war**	wäre	**gewesen**
singen 歌う		**sang**	sänge	**gesungen**
sitzen 座っている		**saß**	säße	**gesessen**
sollen …するべきだ	ich soll du sollst er soll	**sollte**	sollte	**gesollt** **(sollen)**
sprechen 話す	sprichst spricht	**sprach**	spräche	**gesprochen**
springen 跳ぶ		**sprang**	spränge	**gesprungen**
stehen 立っている		**stand**	stünde (stände)	**gestanden**

不　定　形	直説法現在	過去基本形	接続法第Ⅱ式	過去分詞
steigen 登る		**stieg**	stiege	**gestiegen**
sterben 死ぬ	stirbst stirbt	**starb**	stürbe	**gestorben**
tragen 運ぶ・身につけている	trägst trägt	**trug**	trüge	**getragen**
treffen 会う	triffst trifft	**traf**	träfe	**getroffen**
treiben 追い立てる		**trieb**	triebe	**getrieben**
streiten 争う		**stritt**	stritte	**gestritten**
treten 歩む	trittst tritt	**trat**	träte	**getreten**
trinken 飲む		**trank**	tränke	**getrunken**
tun する	ich　tue du　tust er　tut	**tat**	täte	**getan**
vergessen 忘れる	vergisst vergisst	**vergaß**	vergäße	**vergessen**
velieren 失う		**verlor**	verlöre	**verloren**
verschwinden 消える		**verschwand**	verschwände	**verschwunden**
verstehen 理解する	●	**verstand**	verstünde	**verstanden**
wachsen 成長する	wächst wächst	**wuchs**	wüchse	**gewachsen**
waschen 洗う	wäschst wäscht	**wusch**	wüsche	**gewaschen**
wenden 向ける		**wandte**	wendete	**gewandt**
werden …になる	wirst wird	**wurde**	würde	**geworden** **(worden)**
werfen 投げる	wirfst wirft	**warf**	würfe	**geworfen**
wissen 知っている	ich　weiß du　weißt er　weiß	**wusste**	wüsste	**gewusst**
wollen …するつもりだ	ich　will du　willst er　will	**wollte**	wollte	**gewollt** **(wollen)**
ziehen 引く		**zog**	zöge	**gezogen**

著 者 紹 介

清水　薫（しみず　かおる）
石原 竹彦（いしはら　たけひこ）

シュリュッセル ―ドイツ語への鍵　ノイ

2022 年 3 月 25 日　初版印刷
2022 年 3 月 31 日　初版発行

著　者　清　水　　　薫
　　　　石　原　竹　彦

発行者　柏　倉　健　介
印刷所　幸和印刷株式会社

発行所　㈱ 郁 文 堂
〒 113-0033 東京都文京区本郷 5-30-21
Tel. 03-3814-5571 振替 00170-9-452287

落丁・乱丁本はお取り替えいたします。

Printed in Japan
ISBN978-4-261-01279-8